失去自我的爱，是对孩子最深的害

月下客 ——— 著

哈尔滨出版社
HARBIN PUBLISHING HOUSE

图书在版编目（CIP）数据

失去自我的爱，是对孩子最深的害／月下客著. 一
哈尔滨：哈尔滨出版社，2020.8
ISBN 978-7-5484-5388-8

Ⅰ. ①失…　Ⅱ. ①月…　Ⅲ. ①家庭教育　Ⅳ. ①G78

中国版本图书馆CIP数据核字（2020）第124141号

书　　名：**失去自我的爱，是对孩子最深的害**
SHIQU ZIWO DE AI, SHI DUI HAIZI ZUI SHEN DE HAI

作　　者：月下客　著
责任编辑：朱海涛　赵　芳
责任审校：李　战
装帧设计：主语设计

出版发行：哈尔滨出版社（Harbin Publishing House）
社　　址：哈尔滨市松北区世坤路738号9号楼　　邮编：150028
经　　销：全国新华书店
印　　刷：天津光之彩印刷有限公司
网　　址：www.hrbcbs.com　　www.mifengniao.com
E-mail：hrbcbs@yeah.net
编辑版权热线：（0451）87900271　87900272
销售热线：（0451）87900202　87900203
邮购热线：4006900345（0451）87900256

开　　本：880mm×1230mm　　1/32　　印张：8　　字数：180千字
版　　次：2020年8月第1版
印　　次：2020年8月第1次印刷
书　　号：ISBN 978-7-5484-5388-8
定　　价：49.80元

凡购本社图书发现印装错误，请与本社印制部联系调换。　服务热线：（0451）87900278

父母对孩子要求最多的时候，
就是父母没有自我的时候

01

我非常期待这本书的面世，因为这本书的作者不止我一个，还有我的宝贝女儿——月宝。

几个月前，书籍编辑找到我，问我能不能提供一些孩子的画作。我说当然可以，月宝儿时的涂鸦有很多。

我问编辑："您大概需要多少张呢？"

"七八十张吧。"编辑说。

我吓坏了，七八十张？月宝哪有这么多画作？

我回去翻抽屉，翻画夹，翻幼儿园的作业袋，把月宝的画翻了个遍，竟然找出一百多张涂鸦作品。那天晚上，我在书房里把月宝的涂鸦一张张摊开来，一边拍照，一边欣赏，好像又把她的童年走了一遍。

月宝没有和老师学过画画。大概从刚会握笔开始，她就喜欢和我在一起临摹。我画一笔，她画一笔，所以月宝的很多画作，在我家都是双份的。只是现在翻看起这些旧画，我那些练笔的习作早已经不起推敲，但月宝这些天真又稚嫩的笔触却成为岁月的点点晶石，照亮了一个孩子纯净的童年。

距上一本书《最好的养育，是让孩子做自己》的出版已经有近两年的时间了。当编辑找我约新书的时候，我本以为自己的文稿不多，但是整理后发现，竟然已经写了几百篇，就像月宝的画作一样，可谓无心插柳柳成荫了。

02

我不仅写作，还有一份朝九晚五的工作，但我生命里最重要的角色就是月宝的深度陪伴者。

可以说，除去月宝上学、我上班的时间，我和月宝在一起的时候，都是临在状态——随时可以听到她，"看见"她，陪她一起唱歌跳舞玩游戏，读书绘画做运动，全身心地与她一起处理当下的事情。

上班的时候紧张工作，回家后和孩子在一起全然放松，因为珍惜和孩子在一起的每一个当下，所以可以把这陪伴的时光当成全然的享受。

有人问：和孩子在一起可以全然地放松吗？

有过一些经历后，我发现，当我们对孩子没有要求的时候，我们就是放松的。我们可以享受孩子灿烂的欢笑，无厘头的搞怪，天马行空的奇思妙想，无休止的疯跑疯闹，只不过这一切会止于"期望"。

对孩子有期望，就会对孩子有要求，要求达不到，烦恼就会滋生。

父母什么时候对自己的孩子要求特别多？就是父母没有自我的时候。

当一个父亲或母亲把自己的一切都投入在孩子身上的时候，他（她）给予的不是爱，而是赌注。现在押进去的东西越多，回本的期望就越大，最后，父母和孩子都难堪重负。

自从上一本书出版后，很多家长找到我的公众号，在后台询问养育孩子的棘手问题。但是我发现，困惑最多的家长就是那种对自己非常不满的家长。

孩子经常成为家长内心的投射。家长对自己有多不满，往往就会对孩子有多不如意。所以这本书，我更希望能把重心从孩子身上拉回到父母身上，帮广大家长找到自己情绪的根源，理清生活的头绪。最重要的是，父母找到自己生命的价值，也还给孩子一片属于他们的天空。

当你以一个完整、独立、强大、放松的姿态出现在孩子面前时，不仅孩子会对你有更多的崇拜和尊敬，你看待孩子的眼光也会变，你会发现孩子就是一座宝藏，随时都可以给你惊喜，你们之间的亲子关系也会更融洽。

月宝成长的这几年里，我虽然全然陪伴，却从未放弃过自我成长，除了深研自己的专业，还精心打理"月下客育儿智慧"这个公众号，随时把自己的感悟和大家分享，同时还在身心灵领域深入探究，治愈了很多青少年和宝妈的心灵创伤，帮助他们找到自己内在的力量。

可以说，我和月宝是两条彼此映照、彼此温暖，但又互不打扰、互不侵犯的平行线，各自在自己的领域里生根、发芽、开花、结果，独立绘制自己生命里最美的风景，然后拿出来和对方分享，彼此欣赏。

孩子一眨眼就长大了，希望有朝一日我们回忆起和孩子一起成长的时光，就像翻一本稚拙的画册，充满天真、童趣、自由和快乐的色彩，而不是一陷入回忆，就句句血泪。

祝见到本书的你，越来越平和喜乐。

月下客

目 录

第一章

为了孩子委屈自己，是父母的通病

千万别踏入"富养儿女，穷养自己"的误区

01

有一天我在家做清理，整理出两大包月宝的衣服、画报和玩具，想把它们统统"断舍离"了，但是走到门口，又挑了一些回来——都是价格不菲的东西，扔了怪可惜的。

我坐在沙发上，把这些东西粗略算了一下，少说也有大几千，对于当时收入不高的我们来说，实在是一笔不小的投入。

似乎从怀月宝开始，为她一掷千金就成了我们打心眼儿里疼爱她的方式之一。孩子还没出生，我就喜欢到处搜刮玩具、衣服和婴儿用品，一边买，一边感叹：现在孩子的东西真是又丰富，又高大上。想当初我小时候，洗澡就是用大人的香皂，现在的孩子却用安全无刺激的沐浴液，流到眼睛里也不怕。我们小时候的鞋子土气又磨脚，经常跑着跑着就把脚后跟磨破了，而现在的童鞋款式既新颖时尚，又安全舒服。小时候荡秋千、玩滑梯都要周末到公园才能玩，现在连滑梯、篮球架都可以买到家里……于是月宝还没出生，我家已经快成儿童乐园了。

月宝出生后，这种买买买的心情变得更甚。当妈的心情你懂的，就是想给孩子最好的一切，别人没有的咱要有，别人有的咱要优。所以，网上的那些便宜货根本看不上，给孩子的东西件件都去大商场买，于是有了孩子后，我和先生成了真正的"月光族"。

有一次和闺密逛街，正好赶上商场周年店庆，闺密眼都绿了，唰唰地扫货无数，而我站在一旁，摸索着一件200元的裙子，迟迟没有下手。

闺密见我犹豫许久，就问："怎么不买呢？"

我说："太贵了。"

她一脸惊诧地看着我："200元算贵吗？"

是呀，200元，不过是月宝的一堂钢琴课，一套绘本，一件玩具，200元，算贵吗？我叹口气，对闺密说："你哪里知道，我们当妈的，都是给孩子花钱眼都不眨，给自己花钱精打细算。"

我们在商场里可能会在孩子指出想要一件玩具的时候，随手就去收银台结账，但是对昔日自己喜欢的服装专柜看都不看一眼。我们可以在孩子想玩淘气堡的时候，唰唰办张千元的会员卡，却舍不得给自己换个新手机。也是那次在家里整理东西时我才发现，自己已经好久好久没有买称心如意的衣服了。现在给自己买衣服，就是上网店看看有没有什么清仓处理，随便买一件就好了。都买好的，哪那么多钱，有钱还要留着给孩子花不是？

有时候，我会被自己这种想法吓一跳，毕竟我从不认为对孩子的重视应该多于自己，但是"富养儿女，穷养自己"的观念却早已在我们的潜意识里根深蒂固。

02

我们的父辈往往也是这样的人。有一份老年消费调查问卷显示，在受访的两千多名老人的日常花费中，30.74% 用于日常开支，23.51% 用于贴补儿女……只有 3.3% 用在了自己的休闲生活上。

孙叔叔是我父亲的一位老友，他和夫人都是退休教师，本来家里有可观的收入，但是他们依然省吃俭用，把大笔的退休金用来接济结婚不久的儿子。后来，又因儿子在市中心买了新房，二老几乎掏出了所有的家底来为儿子付首付。孙叔叔与我父亲提起这些事的时候，眼神里有欣慰，也有惋惜："咱们这代人，一辈子都是为儿女，从来没有为自己活过……"

但是那些为自己而活的老人又怎么样了呢？

读者 H 曾经在后台对我倾诉，说自己的公婆经常花费大笔的退休金到各国旅游闲逛，买一些价格不菲的营养品。而对于孙子的学费，他们却从来不闻不问。

我说，老人注重休闲，注重养生，其实就是儿孙的福气，何况花的是自己的退休金，有什么不可以的呢？

她很气愤，说："做爷爷奶奶的怎么能只顾自己享清福呢？不该为儿女分忧，为孙子的未来做些打算吗？"

这就是很多人的价值观。为人父母，就该为儿孙倾尽所有，富养儿女，鞠躬尽瘁，但凡有一点为自己考量，都会被称为自私和薄情。可是说不定，那些"自私而薄情"的父母没错，反而是我们这些"慷慨无私"的父母错了。

03

穷养自己，只因心里住着低价值感的自己。

心理学中的自我价值感，是指个体对自身重要价值的主观感受，反映了一个人对自己的悦纳程度。当一个人的自我价值感比较高时，会比较重视自己，肯定自己，多表现为自尊、自信和自强。但是当一个人自我价值感比较低时，内心就会有更多的恐惧和自卑，认为自己不值得，认为自己不配得到很多东西。

我们的父辈大多都是自我价值感比较低的人。在他们那个年代，僧多粥少，满足温饱尚且不容易，大多数人的精神世界都没有得到足够的呵护和重视，在社会和家庭中的存在感极低。所以，他们很容易产生"自己不配得到，不该拥有"的心理，习惯去"委屈自己、成全孩子"，因为他们会觉得孩子值得拥有很多东西，而自己是不值得拥有的。

朋友们一提起这个就特别有共鸣，说家里的老人总是"虐待"自己。家里的剩菜剩饭舍不得扔，饭桌上的新菜总是让给孩子们吃，自己把那些残羹冷炙热来热去，对付好几天；不惜花大价钱给孩子买进口水果，自己却舍不得品尝一个两个，家里水果成堆，却只捡些快烂掉的来吃，宁可不浪费水果，也要冒着伤害身体的风险，把烂水果吃完。他们从来没有意识到，自己虽然已近暮年，身体却和那些初生的婴儿一般金贵，甚至更需要滋养和善待。

同样，年轻一辈的父母中，那些在孩提时代没有受到家人足够的重视和肯定、经常得不到满足的人，心里也会慢慢形成低价值感的自己，但是他们会把儿时的渴望投射给孩子——自己不曾得到的东西，就力争让孩子得到。其实本质上，他们是在喂养那个低价值感的"内在小孩"。

有个读者曾经对我说，她控制不住地给孩子买毛绒玩具，家里已经有不下一百种毛绒动物，几乎成了动物园，但是只要孩子提出想买新的，她还是无法拒绝。她说小时候，自己特别想要一个娃娃，但家里穷，娃娃算是奢侈品，现在有条件了，孩子想要就买呗，为什么不呢？她以为她是在满足孩子，其实是在满足心底那个有匮乏感的自己。

04

穷养自己，富养儿女，儿女是不是就一定受益呢？从如今遍布天下的啃老族，就可见一斑。

拿孙叔叔来说，他自己何尝不想退休之后过几天清静日子，却整天要为 28 岁的儿子操心卖命，花钱出力不说，日子也过得紧张苦闷。而且他身体不是很好，却不敢到医院去检查，总担心万一自己倒下了，儿子怎么办。

对如此殚精竭虑的父亲，他的儿子似乎并不关心，理所应当地享受着父亲提供的一切优质资源，不满自家 100 平方米的房子，非要改善居住条件，在市中心买了一套三室一厅，一举花光了孙叔叔的养老钱。

被富养的孩子，学会了虚荣，学会了懒惰，却没有学会体贴和感恩。到头来，父母的一番苦心孩子未必领情，甚至有些贪婪的孩子还可能将父母剥削得连骨头都不剩。

还有一些被富养的孩子，心性是比较善良的，会比较体谅父母，孝顺父母，但是他们也会继承父母身上那种"低价值感的自我"。

我清楚地记得，母亲曾经对我说，她小的时候家里条件不好，寒冷的冬天，外婆用家里仅有的棉花给几个孩子做了厚厚的棉衣棉裤，自己却穿得很单薄，以至于每年冬天，手脚都生冻疮，老了以后，也经常腿疼。

外婆那个年代是迫不得已，但母亲还是继承了外婆的传统。在我小时候，她把所有好吃的东西统统留给我，自己却总是随便凑合一口；过年给我买很贵的、全套的新衣服，自己却随便敷衍。于是成年后，纵然我形成了异于母亲的独立的价值观，却依然会继承母亲的传统，延续了"穷养自己，富养女儿"的魔咒。

05

如今是一个拼爹的时代，不管我们自己有多大的能量，都愿意为了孩子去拼一拼，搏一搏，倾尽所有给孩子提供卓越的条件。但是，困苦和缺憾也是孩子成长的沃土，坎坷和磨砺也是孩子成长的必要条件，这些因素，却往往被我们忽视了。

曾国藩说："凡世家子弟，衣食起居无一不与寒士相同，庶几可以成大器。"越是富贵家庭出身的孩子，越要在物质生活上与寒士一样，培养勤俭自律的品性，将来才有可能成大器。

香港首富李嘉诚的两个儿子小时候都在香港圣保罗男女小学上学。当时，在这所顶级名校里，许多孩子都是车接车送，一身名牌，可李家兄弟却经常和爸爸一起挤电车上下学。李嘉诚说："在电车、巴士上，你们能见到不同职业、不同阶层的人，能够看到最平凡的生活、最普通的人，那才是真实的生活，真实的社会；而坐在私家车里，你什么都看不到，什么也不会懂得。"李泽钜和李泽楷在很小的时候就开始做杂工、侍应生。李泽楷每个星期日都到高尔夫球场做球童。

富贵人家尚且如此，平凡的我们又何必争先恐后地把最好的一切都双手奉送给孩子，让他们疏离了困难与艰辛，失去了勤勉与自律，最终一无是处呢。

　　有人说，富养孩子之前，应该先富养你自己。

　　其实不论谁先谁后，一碗水端平就好。给孩子买衣服的时候，别忘了给自己买一件，给孩子做了一顿大餐，别忘了犒劳犒劳自己。在自家条件允许的情况下，尽量给自己和孩子提供更好的物质条件，并鼓励孩子做些力所能及的家务。

　　同甘共苦，休戚与共，才是一个家庭最重要的联结和意义。

为什么生完孩子，你就变了一个人

01

近几年，越来越多的话题在探讨婚姻存在的必要性，讨论孩子的出生给女人带来的是幸福还是苦难。有时候在订阅号里扫一下标题，满眼都是《为什么要结婚？》《生孩子的意义是什么？》这类的文章。

我曾听一个 22 岁的女孩说，大学毕业后她就靠卖字维生，到世界各地过旅居生活，不结婚不生子，一辈子自由自在。另一个女孩马上呼应，说现在找女闺密比找男朋友更靠谱，她要趁年轻努力赚钱，等老了就和几个闺密到乡下买房子过田园生活，绝对不要结婚生孩子给自己增添烦恼。

我们常常想：是现在的女人都不愿意生孩子吗？其实并不是。

在我居住的小区里，有很多韩国妈妈，她们通常都会生四五个孩子，出来散步时，大的牵着小的，小的推着更小的。若是我们，谈二胎都色变，别说这么多孩子，想都不敢想。但是，那些韩国妈妈脸上并没有中国妈妈那种心力交瘁、苦大仇深的神情，不管身边有多少孩子，都是一脸的岁月静好。所以，确切地说，不是女人都不愿意生孩子，而是越来越多的中国女人开始不愿意生孩子。

朋友生产后一直鲜少露面，有一天她在朋友圈里吟了一首哀怨的诗，本来以为大家会问她怎么了，结果一群妈妈跳出来说："放轻松，一切都会过去。""刚生完孩子都这样。"

她说："你们怎么知道的？"

大家说："因为都是过来人。"

如此心照不宣的对话，只有在做了母亲的女人之间才能产生。

02

如果问我，中国的妈妈幸福吗？我会说，不幸福。妈妈们有怨气吗？我只能说，没有的太少了！

中国妈妈不仅有怨气，而且怨气相当重。为什么？我想可能是因为以下四个原因：

第一，中国妈妈的情绪得不到释放。

我们比以前的妈妈更爱自己的孩子。可能有人要反驳我，没有妈妈不爱自己的孩子。其实，那可不一定。举个最简单的例子，以前一个妈妈养四五个孩子是常事，但是孩子挨打也是常事。我经常听我们的父辈说，小时候饭洒地上要挨打，把弟弟弄哭了要挨打，叫你几遍你没答应，上来就打。

但是现在，有多少孩子还挨打？至少我身边的妈妈最多跟孩子吼两声，但很少动手。说一句"再不听话我就不喜欢你了"这种威胁的话已经是我们的极限了，说完还要反思和后悔。甚至很多妈妈开始训练自己对孩子正面管教，做零吼叫妈妈。

打孩子就是不爱吗？当然不是，但是至少以前的妈妈愿意用这样简单粗暴的方式，用让孩子痛的方式来解决问题，来释放自己的情绪，而我们不愿意。即使是被打大的孩子，当了妈以后也希望用更温和的方式来管教自己的孩子。年轻的妈妈买很多育儿书，关注很多公众号，加入各种妈妈共修群，学习科学育儿。

我们在行为上不断地修正自己，控制自己，但不能改变的是，我们依然有与以往的妈妈同等程度的崩溃时刻。

我们的成长经历并没有告诉我们怎样成为一个平静温和的妈妈，大多数时候我们像自己的母亲一样喜欢控制自己的孩子，可这是不可能做到的。当做不到时我们就会崩溃，但是当今社会却一直要求母亲情绪稳定，平和淡定，所以很多的妈妈无处释放自己的情绪，内心极度压抑。而我们宁可压抑自己，也不愿意委屈孩子。所以，从这个角度看，我们比以往的妈妈，更爱孩子。

第二，中国妈妈的心理与身体严重失衡。

80后、90后妈妈多是独苗，是家里的宠儿，成长过程中，读书的时间远远超过做体力劳动的时间。所以我们懂的道理比较多，但是身体素质比较差。当一个孩子到来时，家务活突然繁重很多倍，照顾孩子更是不分昼夜。中国的年轻妈妈，体力上根本吃不消。

很多老人说，你们年轻人太娇气，以前我们一边干农活儿，一边带四五个孩子，也没像你们这么费劲。的确，从小成长在温室的我们，身体很多都处于亚健康状态，我们的体力根本不能和以前的

妈妈比。所以，以前的妈妈一边肩上背着宝宝，一边干农活儿是很美的画面，但是在我们这个年代，这样的画面简直可以上《感动中国》。我以前逛街连重一点儿的包都懒得拎，当了妈妈居然可以抱着四岁的孩子走好几条街，我都觉得自己太了不起了！而且，以前的孩子生活在胡同里、院子里，总有一群小伙伴一起疯玩，他们的能量可以在玩耍中、在大自然中释放掉，但是现在的孩子都在高楼大厦里圈养，就会变得比较黏人、不爱睡觉，所以非常不好带。等把孩子的能量耗光了，妈妈的能量也用尽了。

很多妈妈都痛恨隐形爸爸。其实我知道有很多家庭都是丈夫在外地务工，妻子在家照顾孩子，她们不但没有这么多怨言，反而会经常和老公通电话，夫妻感情好得很。但是，当生活在一起时，我们就不能接受隐形爸爸。表面的原因是妈妈怕孩子缺乏父爱，深层的根源是妻子抱怨丈夫在她如此疲惫不堪、焦头烂额的育儿道路上选择袖手旁观——说什么同甘共苦、相濡以沫、好好疼爱我一辈子，现如今我累成狗，困成孙子，你却不懂得起身帮孩子打口奶，反而事不关己地呼呼大睡。生完孩子的前几年是最能考验老公对妻子的关怀程度的，是最能证明夫妻能不能共担当的，但是大部分的老公都没有拿到及格分。

第三，中国妈妈没有安全感。

社会没有给她们安全感。现在有很多全职妈妈在家带孩子，已经非常辛苦，却还在找机会赚钱，有的甚至做两到三份兼职。根源就在于全职妈妈这个职业虽然累成狗，但是没有收入。而经济基础决定上层建筑，不管我们怎样呼吁对女性的尊重，但是在现实生活中没有收入就容易没有家庭地位，没有话语权，没有底气，甚至没有尊严。于是她们的内心就容易出现一种不安定感，害怕自己苦心经营的家庭会随时崩塌。

妈妈们没有给自己安全感。随着年华的逝去，身价在跌，颜值在降，琐事越来越多，自己的空间越来越少，很多妈妈都开始找不到自己了。但是她们不是从此开始找自己，而是把这种不安全感转移到孩子身上，用照顾孩子的一切来麻痹自己。可是一旦孩子长大了，突然有一天离开家了，她们就会觉得无所适从。比如有的妈妈，孩子上大学走了，她会忽然发现家里很冷清，不知道日子该怎样过下去。

第四，中国妈妈容易把孩子当成作品，而不是真的孩子。

中国妈妈特别害怕自己的孩子被落下，害怕别的孩子在课外班里学的东西比自己的孩子多，害怕孩子上不了好的小学，害怕孩子学习不好，害怕孩子没本事，害怕孩子出现这样那样的性格问题。所以她们会为孩子的出色而欣喜若狂，也会为孩子的挫败而倍感惶恐。我从没见过哪个国家的妈妈像中国妈妈这么焦虑。

曾经有一个读者问我："我的孩子三岁多了，我不知道该怎样管教她，比如，我教她怎样洗手，怎样拿筷子，怎样撕包装纸袋，她都不听，宁可不做了也不要我管。"

其实在我看来，这再正常不过了，一个三岁的孩子，开始慢慢地去了解这个的世界，学着掌控自己的世界，他当然必须通过去尝试、去体验，才能渐渐积累出属于自己的力量。在他们看来，我们的管教是一种阻滞、限制，更深层次的是不信任，这会让他们极具挫败感。

而我们为什么要掌控？难道不是因为我们把孩子当成我们的作品吗？我们希望他们表现出色来证明我们调教得好，希望他们毫发无伤来证明我们照顾得周到，希望他们一表人才来证明我们是个成功的妈妈。可是孩子是一个独立的个体，他不是我们的作品，他们有自己的思想、追求、人格和选择，如果我们做不到尊重孩子，我们一定会和孩子互相伤害。

03

中国妈妈不是不爱孩子，而是不知道该怎样爱孩子；不是不愿意生孩子，而是不敢生孩子；不是太自我，而恰恰是没有自我。

如果问我，婚姻的意义是什么？生孩子的目的是什么？

我觉得，婚姻是我们每个人一生的必修课，婚姻生活会让我们的弱点暴露无遗，会让我们面临前所未有的困难和挑战。有的人在婚姻中败下阵来，有的人却在困境中迎难而上。不会沟通的慢慢学习沟通，脾气暴躁的开始学习控制自己的情绪，没有责任心的渐渐学会为自己和他人的生活负责，没有上进心的开始努力……所以最终，败下阵来的收获了短暂的自由快乐，迎难而上的慢慢把日子过出了花好月圆。

而孩子，一方面，他们是我们人生中的小皮鞭，鞭策着我们成为更好的人；另一方面，他们是上天赐予我们的最金贵的礼物，让我们见证一个生命开花、结果的成长过程。

你的怨气跟生不生孩子没关系。你的怨气在哪里，哪里就是你的死穴。孩子的到来只是让你无从逃避了。

勇敢地去面对自己的死穴吧。尼采说过，那些杀不死我们的，终将使我们更强大！

海盗　　网鱼人

不快乐的父母，才需要孩子的回报

01

我收到过一条很沉重的留言，是一位心力交瘁的母亲写给她26岁的儿子的：

"儿子，妈妈最近睡不着觉，每天夜里翻来覆去想你的事。你已经26岁了，连个女朋友都没有，让你相亲你也不去，不知你是怎么打算的。妈妈年龄已经大了，对你的管教，越来越力不从心了。自从与你爸离婚以后，我一个人又当爹又当妈，辛辛苦苦地把你养大，我只是希望你能为我争口气，我希望你能成为我的骄傲。可是你却一次次地让我失望，你不谈恋爱，也不结婚，更不听我的劝告。我总是在想我错在了哪里，我只是想过一个正常母亲的生活，抱抱孙子，每天有儿子儿媳陪在身边，能够开开心心，而不是像现在这样，生活一点儿盼头都没有。我为你付出了很多很多，为什么生活却不能给我一点点回报？……"

说实话，我很同情这位妈妈，但并不欣赏她。字里行间，可以体会到这位妈妈的辛苦，但是，我也能体会到这个孩子的辛苦。因为对于一个孩子来说，最沉重的包袱莫过于"我要为父母的幸福负责"。

父母对孩子的期望是会变的。孩子小时候，我们只担心他的健康；孩子长大一点儿，我们开始对他有期望，期望他的人生闪闪发光；但是孩子成年了，我们却只希望他按部就班，过一个"正常"人的生活，工作稳定、娶妻生子、平平淡淡。可惜，孩子的心智与父母的期望并不同步，他们小时候只想着玩；上学了只甘于平淡，没有什么远大抱负；但是他们成年了，却开始有了追求——想不凡、想折腾。

父母和孩子本来就是矛盾的，要么父母成全孩子，要么孩子屈从父母。

曾经有位朋友对我说："我对妈妈感到很内疚，我不知道要怎样面对她，我似乎永远无法使她满意。自从我们住在一起后，情况更糟了，我们几乎每天都吵架，我每次都下定决心和妈妈好好说话，但是见到她的时候，坏情绪就控制不住了。"

不难想象，这位朋友一直在屈从，但是依然无法满足妈妈，因为妈妈要的太多了，超过了一个孩子所能给予的。

孝顺妈妈没有错，但是不能赔进自己的生活。如果一个人通过赔光自己的幸福去成全父母的幸福，那么父母也不会幸福，因为他们会时刻感受到孩子几近爆棚的负面能量，那不是真正的喜悦与满足。就像这位朋友说的，她控制不住地要对妈妈发火，她也不知道为什么。

02

　　古语说："养儿防老。"

　　孩子小的时候，父母抚养孩子；父母老了，孩子抚养父母。但这只是在物质和生活层面上，而在精神层面上，不存在这样的对等。父母要爱孩子，关照孩子的情绪，尽己所能地供给孩子成长所需要的养分，但是孩子很难做到用同样的方式去爱父母。因为亲子之间的爱就像一条河流，永远都是从父母流向孩子，从长辈流向晚辈，不能逆流。

　　我的一个同事，29 岁了，不敢谈恋爱不敢结婚，因为她有一个孤独的母亲。年少丧父的她从小和母亲相依为命，母女俩感情非常深厚，但是这段感情也阻碍了她的人生。她不敢去爱任何一个男人，她没有多余的爱给对方，因为她把全部的心思都放在了母亲身上，如果不这样，她就觉得愧疚：母亲曾经给了我全部，现在，我要用全部的爱去回报她，否则我的内心就不安宁。

　　这样的人生信条令人感动，但是却违背了自然的法则。如果所有的人都这样想，新的家庭就不会出现，人类也无法再繁衍，即使勉为其难去组建了新的家庭，新的家庭成员也不会幸福，因为他们可以很敏感地体会到，你的人嫁了过来，但是你的心还没有。

03

　　孩子每时每刻都在给我们回报。当孩子在我们腹中的时候，我们感觉到胎动，感觉到一个生命在体内萌芽，那种喜悦和激动的感觉是男人永远不能体会的。当孩子牙牙学语，第一次开口叫妈妈、叫爸爸时，我们的那种震撼与感动，没有孩子的人是永远不能体会到的。当我们做好了饭菜，看着孩子大口大口地把饭吃下去时，那一刻的欣慰，没有经历过一番为人父母的劳碌的人，也是永远不能体会到的。

　　我们在养育一个孩子，在守望一个生命成长，这本身就是莫大的荣幸与荣耀，是大自然对我们最丰厚的馈赠。孩子给父母最好的回报是什么？就是孩子本身哪！一个孩子，把他的生命全然地托付给你，他完全跟随着你，信任着你，这不就是最幸福的回报吗？如果父母还期望找孩子要更多的回报，那只能说明他们在带孩子的过程中，大部分时间都不快乐。父母把孩子当成一个负担，一个责任，这些负重感、责任感远远盖过了孩子带来的惊喜和感动，自然就会觉得养一个孩子太苦、太累。于是很多人会忍着、盼着，盼着孩子长大，给自己一个回报，为自己这么多年的辛劳讨一个说法，找一个平衡。如果孩子没有按我们理想中的那样去发展，去按部就班地成长，就会偏离我们的期望，我们就会焦虑、着急、担心和害怕，我们害怕自己多年的付出以失败告终。

其实哪有什么失败呢？每个灵魂的选择都不一样，每个人都有自己独特的人生，孩子不必去完成父母未竟的道路，父母也不必去强求孩子过怎样的生活。父母与孩子不过是两条平行线，相互守望，又并行不悖。如果双方发生了冲撞，只有一种可能，其中一方走偏了，过多干预进了对方的生活。

为人父母，要坚持走自己的道路，把自己的道路走得光辉灿烂，就不会不快乐，不会苦哈哈，不会觉得自己为了孩子赔光了好运。

让自己活得快乐，就是对孩子最好的养育；让孩子活得快乐，就是对自己最好的滋养。

作为孩子，要孝敬父母，尊重父母，在能力范围内照顾父母，却不必为他们的心情过于负责。因为一个孩子能给予父母的并不多，如果给得过多，就会透支，就会过不好自己的生活，过不好自己生活的人，就不会快乐，不快乐的人怎么可能给别人快乐，给父母快乐？

　　父母要收起"让孩子回报"的期望，这样日子才能过得轻松，才能放手让孩子活出他自己的精彩。孩子也不必整日抱着"回报父母"的想法，让自己活得畏首畏尾、瞻前顾后。你活出了自己的精彩，就是对父母最好的回报。

　　不管是父母还是孩子，请让我们都享受当下。

妈妈的好情绪，孩子的定心剂

01

有一次我带着月宝旅游，为了不辜负万千读者的厚爱，我旅游不仅带了娃，还带了电脑，尽量保证让孩子尽兴，又不让公众号断了更新，可以说是非常劳模了。

然而月宝的表现很不好，不知道是因为在外旅行太疲劳，还是没有睡午觉觉得很困乏，抑或受到了路上那些吵闹不休的小孩儿的影响，总之，月宝磨人的时候越来越多，眉头皱得越来越紧，而且还学会大声嚷嚷了。

比如，我们在海洋馆里等着看海豚表演，虽然等待的时间确实有点儿长，但是她也太焦躁了些，一会儿闹着要出去买吃的，一会儿闹着要出去喂吃奶鱼，一会儿又要买玩具。

我说："你就不能老实会儿？"

她冲我一瞪眼睛说："不能！"

嘿！小丫头还挺厉害！我作势收拾东西："那就不要等了，我们走吧！"

"好哇！走就走！"

于是她拉着我，在演出开始前十五分钟离场了。

回到酒店睡了个午觉，我以为她的烦躁情绪会好一点儿，但是情况并没有好转，她知道下午得罪了我，口气有所收敛，却还是一副焦躁不安的样子。

我便给她个台阶下："你这几天脾气怎么这么大呢？"

"因为你总是让我不开心！"

"我让你不开心？我带你到处玩，想买什么买什么，想玩什么玩什么，我还让你不开心？"

月宝沉默了几秒钟，突然说："那我为什么和你在一起就发脾气，和爸爸、爷爷奶奶、姥姥姥爷在一起就不发脾气呢？"

"因为他们都对你百依百顺呗！"我嘴上把月宝堵了回去，但是心里却突然闪现出另一个答案，那个答案让我不由得倒吸了一口凉气。

想起在海洋馆等海豚表演的时候，我正在用手机忙工作，而且工作上出了点儿问题，当时，我多么希望月宝能老老实实地和月爸玩会儿，或者去吃点儿东西，总之先不要理我，让我把当下棘手的事情忙完了。但是她一会儿让我帮美人鱼娃娃梳头发，一会儿让我看跳来跳去的海豚，搞得我很烦。所以其实并不是月宝很烦躁，而是我自己很烦躁，在我指责她说话态度不好之前，其实我对她早就已经没好气了。

我们常常说，孩子就是家长的影子，大意是孩子会模仿家长的行为习惯、礼仪修养、思维模式，但是家长对孩子其实还有一种潜在的影响，就是情绪上的影响。家长的情绪即使表面上不显现出来，敏感的孩子也能感觉到。

这种情况我观察过很多次，当我因为一些事情不开心，或者着急去处理一些工作的时候，即使表面上全然地在陪伴月宝，她也能够敏感地察觉到，要么玩着玩着突然就不玩了，要么就焦躁不安。她说不出理由，我却是心知肚明的，我虽然嘴上在给她读故事，心里却在想着下一期写什么稿子，她完全能够察觉到我的心不在焉和敷衍了事。但是她和祖辈在一起的时候就不会这样。我也观察过，爷爷奶奶、姥姥姥爷陪她玩时，除了会宠爱、会谦让，更重要的是他们会全身心地享受含饴弄孙的乐趣，他们内在是快乐的，便会使孩子的周围也充满了快乐的气场。同样，如果我忙完了工作，内心是放松的，快乐的，月宝也会轻松快乐。

02

孩子关注最多的是母亲，内在联结最深的也是母亲，所以孩子的心绪更容易受到母亲的影响。

曾经有一位朋友深夜在群里紧急求助，说自己的老公喝了酒，半夜回到家就和她大吵大闹，情急之下还把家里的镜子砸碎了，满手是血。她说自己的儿子被惊醒了，而且好像还看到了床边的血，问我怎样才能不让孩子受惊吓，留下心理阴影。我告诉她，先让自己平静下来，妈妈是稳的，孩子就是稳的，然后抱抱孩子，哄他睡下，第二天如果他问起来，就平静地对他说出真相。这位朋友听到后，平复了一下情绪，就哄着孩子睡下了，第二天她虽然还是满肚子委屈，但是她说，孩子似乎没有受到什么影响，也没有再问起这件事。

很多事情都是如此，如果有一些事情注定会对孩子造成伤害，母亲内在稳定，情绪安定，就可以将对孩子的伤害降到最小。

那么反过来呢？如果母亲内在匮乏，情绪起伏较大，会对孩子有什么影响呢？

给你们举个例子吧。

月宝上幼儿园时，隔壁班有一个小男孩，我之所以对他印象极深，是因为他哭声超级大。月宝三岁时刚上幼儿园，经常在幼儿园门口看到这个孩子躺在地上撒泼打滚，哭声撼动了整个幼儿园。而他的妈妈站在旁边，一边尖叫一边打他："再不听话，就把你送到你的狗爹那里去！"后来才听说，这个家庭是离异家庭，那个所谓的"狗爹"在孩子一岁的时候就抛弃了他们母子。

这位单亲妈妈其实非常重视孩子的养育，家庭发生变故之后，自己打了两份工，尽力让孩子的衣食住行都不输在起跑线上，对孩子的教育也是煞费苦心，几乎把离婚得到的所有赔偿金都投入到了孩子的教育上，送他去比较好的幼儿园，给他报各种各样的培训班。但是，她对孩子投入了这么多，换来的是什么呢？

直到月宝幼儿园毕业了，我们依然经常在幼儿园门口看到这个孩子哭闹，依然在草地上撒泼打滚，身边的妈妈虽然不打他了，但是一脸倦容和躁气，嘴上骂骂咧咧，说："你越来越像你的狗爹。"

这位妈妈虽然离了婚，但是显然没有放下对前夫的怨恨，而且日复一日地在孩子耳边嘟囔着负面言语，散发着负面情绪。孩子在这种情绪的笼罩下，并没有因为学了很多技艺而变得出类拔萃，反而始终没有脱离幼稚、赖皮的段位。

03

处于哺乳期中的妈妈经常被告知不要生气，因为据说人在生气时体内会产生毒素，这种毒素会通过奶水传播到婴儿体内，使孩子的脏器受到危害，导致免疫力下降，还会使孩子变得不安、躁动、容易哭闹。

其实就算是断了奶的孩子，何尝不会受到妈妈情绪的影响？妈妈的情绪，就是孩子最重要的乳汁。妈妈情绪好，乳汁就有营养，给孩子的就是滋养；妈妈情绪不好，乳汁就有"毒"，给孩子的就是伤害。所以，给孩子再大的天地，不如给孩子一个好情绪；给孩子再多的呵护，不如先呵护好自己的情绪。

什么才是成为好妈妈的必要因素？我认为首先是快乐。

如果你不快乐，你为孩子付出的所有辛苦，孩子都会感觉到沉重。如果你不快乐，你为孩子背负的所有焦虑，孩子都会感觉到压抑。如果你不快乐，你为孩子支撑起再高的起点，孩子都会觉得无力。

因为孩子爱妈妈，所以他能敏感地捕捉到妈妈的情绪，外在的，以及潜在的，那种看不见摸不到的能量无时无刻不在浸润孩子的心灵。如果你想成为一个好妈妈，与其千方百计给孩子提供一切优质的资源，不如千方百计地先让自己快乐。

妈妈对孩子最好的爱，就是呵护好自己的情绪，爸爸对孩子最好的爱，就是照顾好妻子的情绪。一个快乐的家庭里才能走出快乐的孩子，一个快乐的孩子才有可能前程似锦。

最失败的教育：
孩子不努力，爸爸不出力，妈妈用蛮力

01

近几年，成人的各种心理问题的根源被追溯到原生家庭，于是越来越多的年轻父母开始思考对孩子的教育方式和方法。在媒体的大力引导下，孩子的教育问题被重视到了一个前所未有的高度。但是孩子的教育问题解决了吗？似乎并没有。而且随着对教育问题的反思，社会和家庭对"母亲"这个角色的要求越来越严格，"母亲"这个身份变得越来越重要。身为人母，变得越来越焦虑了。

有位妈妈曾经对我说，为了让孩子好好写作业，她可谓连哄带骗，连鼓掌带点赞，大张旗鼓得像个神经病。有段时间她女儿迷上了舞蹈，天天练下腰，于是为了鼓励女儿写作业，她居然灵机一动说："你十分钟内写完作业，我就给你下个腰！"说完以后她忽然意识到，为了让孩子好好学习，自己真的什么都敢干哪！

她一米六的身高，75千克的体重，肚子圆得像个地球仪："还下腰呢，我哪有腰哇！"听她说完，我"扑哧"一声笑了，笑完又觉得特别辛酸。

我们这些当妈的人，真是活得太累了：既希望孩子专注于写作业，养成好的学习习惯，同时又希望孩子赶快写完作业，早早休息，长好身体；既希望孩子学业上不要有那么大压力，不要太辛苦，又希望孩子出类拔萃，有大好前程。一方面为孩子殚精竭虑，耗尽心血，一方面又克制自己的情绪，让自己保持满满的正能量，还要不时检讨一下自己，是不是哪些问题处理得不好，让孩子受了委屈。

然而妈妈们这样煞费苦心，是不是卓有成效呢？答案是：未必。

一位叫"番茄"的妈妈对我说，从女儿上一年级时她开始陪读一直到现在（女儿都上初二了），不但没有把孩子培养成学霸，反而和孩子的关系闹得越来越僵，根本没办法平心静气地和孩子说话，一张嘴就是吵架。

不是不教育，而是教育得很失败，为什么会这样？

02

一般情况下，失败的教育离不开这三个原因：孩子不努力，爸爸不出力，妈妈用蛮力。

首先，孩子不努力。教育的主体是谁？是孩子。最该努力的人是谁？是孩子。但是反观现在的教育现状，最最努力的人是谁？是妈妈！

我经常在大街上看到一些带娃上课的妈妈，她们肩上背着书包，手里拎着提包，怀里抱着各种各样的杂物，一边走路带风，一边不停地催促："快点儿快点儿，要迟到了！"而身边那个孩子，手里玩着玩具，眼睛左顾右盼，虽然被妈妈逼迫着，催促着，却一脸事不关己，岁月静好的样子。

到底是谁去学东西？到底是谁怕迟到？

有记者曾经到一家知名教育机构去采访，发现里面除了学生爆满以外，每间教室的后三排坐的全是家长，还有一些家长直接和自己的孩子"同桌"，以起到监督的作用。甚至还有一些陪读的爷爷奶奶，不得不戴着老花镜，一边听讲，一边抄笔记，说："虽然不理解，但可以先抄下来。"

这种全家总动员的学习状态，想想真是让人感动到泪目，但是同时，也给了孩子一个暗示：学习是全家人的事，不是我自己的事。所以现在的孩子总是喜欢拿家长当说辞：不是我不学习，是我妈没给我花钱报班；不是我不读书，是家里没有这个环境让我读书；我爸妈小学都没毕业，凭什么让我努力？

很多公众号文章，家长在看，孩子也在看，当我们劝导家长多读书，多学习，和孩子一起成长进步时，竟然被很多孩子理解为，自己不上进是因为家长不上进。这个偷懒的理由可以说是非常"高大上"了！

不管我们为孩子付出了多少，首先需要意识到：孩子是教育的主体，孩子是自己学业的主人，家庭和学校环境虽然对孩子的成长有影响，但是最终孩子会走什么样的路，还是取决于他们自己。不管教育采用什么方法，如果没有唤醒孩子本身的内驱力，如果没有让孩子自发地去努力，家长做得再多也是越俎代庖，做得再好也是拔苗助长。

教育失败的第二个原因，是爸爸不出力。不知你们发现没有，在上面那个"家长陪读"的场景中，有爷爷、有奶奶、有妈妈，就是几乎没有爸爸。或许这只是一个巧合，或许不是。

朋友小欧坦诚地跟我说，自己从来不放心孩子他爸陪孩子去上课，一般她陪着去上课，可以在教室外面听两耳朵，万一孩子哪里不会了，还能指导一二；要是爸爸去上课，估计就是打满两场手游就回来了，课上讲了什么他不知道，也不关心。

不关心就不关心吧，谁让咱都说了，学习是孩子自己的事呢。但是孩子他爸不说话还好，一说话就戳你肺管子。小欧说有一次她带孩子去学钢琴，孩子抹着眼泪说不要去，正僵着，她老公非常及时地出现了，大叫着说："这都报多少课了，天天给孩子报课，连玩的时间都没有了！不去了不去了，不就是个钢琴吗？不会钢琴影响考大学吗？"

你们也常有这样的感受吧？在这个家里，他是亲爹，你是后妈。亲爹永远都在"为孩子着想"，而后妈，永远在"和孩子对着干"。每当孩子在困难面前退缩，妈妈和孩子较劲、鼓励他坚持的时候，"亲爹"总是跳出来给"后妈"泼一瓢冷水：孩子压力够大了，你天天这么逼孩子干什么？

有一种苦，叫作你不懂我的苦。当爹的通常做惯了甩手掌柜，根本不知道要规范一个能量爆表的熊孩子有多难，也根本不了解需要多少次试探才能帮孩子找到一个适合他们的出路。在很多爸爸的眼里，教育孩子就和赏花是一样的，想起来了就看一眼，想不起来，就连看也不看。所以很多爸爸在家里就是形同虚设，妈妈不指望他在关键时刻给自己一个支持，他不甩闲话、不泄气，就已经很不错了。

教育孩子，妈妈可谓是全力以赴，爸爸呢，只能算重在参与。

都说好的家庭是爸爸爱妈妈，好的教育是爸爸支持妈妈，但是一个连孩子尿布都没洗过，连孩子家长会都没开过，连孩子成绩都从不过问的爸爸怎么可能做到理解和支持呢？一个从来不在教育上出力的爸爸，可能觉得养大一个孩子和炒一盘番茄炒蛋一样轻而易举吧！

孩子不努力，爸爸不出力，老师给压力，在这样的大背景下，妈妈就算情商再高也难免会着急焦虑，这就促成了教育失败的第三个因素：妈妈用蛮力。

什么是蛮力呢？就是你花费的力气比较粗糙笨拙，力量虽然很大，但可惜没有什么效果，反而造成了伤害。

表哥的孩子中考前夕，嫂子找到我，说孩子学习劲头不足，上课经常走神，已经被请很多次家长了，说得眼泪汪汪的，特别可怜。我心里想，这小侄子怎么这么不懂事，于是就叫他过来准备训斥一顿，哪承想他跟我说的却是另一种情形。

他说，自己不过是一次考试失误了而已，结果就像踩了雷区一样把老妈引爆了。从那次考试失利开始，妈妈就像学了紧箍咒般天天催他看书写作业，导致他一听到妈妈说话就头疼。而且妈妈一做完家务就搬把椅子坐在他旁边，像一个活的摄像头似的监控着他。

他非常清楚妈妈的良苦用心，但是这种匆忙逼迫的方式让他感觉很压抑，反而更不想学习了。

嫂子的这种状态就像我在文章开头说的那位下腰的妈妈一样，因为太想让孩子学习有起色，就有点儿不择手段了。

可是有些事情，你越是迫切急躁，越会适得其反。就像那个精妙的比喻：你想要握住手里的沙子，就会拼命地攥拳，但是攥得越紧，手中的沙子流得越快。所以放眼望去，身边焦虑的家长不在少数，但是真的能让孩子按照期望去成长的，可谓少之又少。

说到底，教育能不能成功，不是看你耗费了多少心血，用了多大气力，而是看你的教育能出多少成效。就像我们经常会催促着孩子去洗澡，去吃饭，去写作业，他们往往无动于衷，这时候你就算

喊再多遍，叫再大声，也是徒劳无功。所以这时候还真不如向爸爸学学，往沙发上来一个"葛优躺"，平平心，静静气。孩子发现你安静了，异于往常，也许反而会有所行动。

用蛮力还有一个特别大的弊端，就是容易让自己很挫败，很委屈，把自己往怨妇的角落里逼。所以教育孩子千万不能钻牛角尖，一种方式没效果，不如换一种方式。教育不能用蛮力，要用巧劲，才能起到四两拨千斤的效果。

03

如果把家庭比喻成一个扁担，最易于行走的方式是爸爸妈妈在扁担的两头，孩子在正中间。要想让孩子走得稳，爸爸妈妈在两边施予的力量应该是均衡的。你力气大了，我也加把劲儿，你抬得高了，我也举一举。如果一方太轻松，就会让另一方很吃力，双方不均衡，不协调，就会让中间的孩子左右为难。

成功的教育总是有惊人的相似之处，失败的教育虽然各有各的原因，但是追根溯源，无非是家庭这根扁担挑得不平衡。

妈妈这个角色很重要，但是也没那么重要，我们不仅要演好妈妈这个角色，更要演好我们自己。如何演好自己呢？最重要的前提就是把孩子的功课交还给孩子，把爸爸的职责交还给爸爸，一家人各司其职，各归其位，家庭的成长才能进入良性循环。

聪明的妈妈绝不事必躬亲，也要学会置身事外；迎难而上的同时，更要懂得知难而退。

第二章

你的无微不至，会成为孩子的负担

小心成为孩子眼中的"苍蝇妈妈"

01

朋友 Amy 刚出月子就迫不及待地约我出来吃饭，在自助餐厅里，她狼吞虎咽、大快朵颐，就像好几年没吃过东西一般。Amy说，自己好像坐了十一个月的牢，终于刑满释放了。

自从怀孕以来，她吃任何东西都被家人监控，每天耳边都充斥着婆婆和妈妈好意的提醒："别吃这个，太咸了！""别吃那个，太辣了！""热一热再吃，太凉了！"

尤其是全家出去聚餐，总有人对着满桌子饭菜指指点点，不让她吃这个，不让她碰那个。好不容易找到孕妇吃的东西了，她刚想动筷子，却发现全桌子的人都对她行注目礼。还让不让人好好吃饭了！

坐月子就更可怕了，婆婆经常给她熬一大锅鱼汤、鸡汤、骨头汤，坐在床边巴巴地看着她喝，生怕她一扭头就给倒掉一般。出月子后，终于不再被围观了，Amy 看到大家的目光都转移到小宝身上去了，心里一个劲儿地喊爽！

她不禁感叹道："我现在特别同情我家小宝，每天被那么多人盯着，多难受哇！"

我忽然想起后台一位五年级小朋友的留言。这位小朋友说，自己最烦写作业的时候被妈妈打扰，一会儿推门送牛奶，一会儿推门送水果，一会儿问问数学作业写完了没有，一会儿问问英语背下来没有。等她写完作业，准备洗漱睡觉，妈妈又要跟到厕所，提醒她刷牙、洗脸，衣服不要弄湿了……她知道妈妈是关心自己，是为自己好，但还是很反感妈妈没完没了的提醒，好像妈妈不提醒，她自己就什么都不会做一样。

这位妈妈就是典型的"苍蝇妈妈"。

所谓"苍蝇妈妈"，就是事无巨细地"盯"着孩子的妈妈。这类妈妈总是寸步不离地守着孩子，不停地为孩子扫清障碍。她们不愿意看到孩子"受伤害"，不愿意看到孩子"犯错误"，总是时刻关注着孩子，围着孩子转，恨不得替孩子提前把所有事情都安排好，让孩子前途无阻。但是拥有一个"苍蝇妈妈"真的幸福吗？

华盛顿大学的一项研究称："苍蝇妈妈"会妨碍孩子独立意识和个人能力的发展，无微不至的照料会降低孩子的幸福感，并使他们长大后难以正确地应对压力。受到父母过度照料的儿童，长大后会意志消沉、对生活不满，常常处于焦虑之中。

这就是为什么很多孩子明明知道妈妈是为自己好，却无法接纳妈妈无微不至的关爱和照顾。何况，在中国的家庭里，不但有"苍蝇妈妈"，还有"苍蝇姥姥""苍蝇奶奶"，甚至四世同堂所有人都把全身心的注意力倾注在一个孩子身上。还记得小时候听同学抱怨，说自己有一个当老师的妈妈非常不幸，她被安排在妈妈的学校里，妈妈上课时有事没事就会去教室后门"逛逛"，此举成了她青春期的噩梦。

现在，科技已经使这种"噩梦"从老师的孩子身上，延伸到了所有孩子的身上。目前很多幼儿园里安装了摄像头，本来是想让家长时刻了解孩子在园的情况，放心工作，却不料摄像头已成为很多家长"监控"孩子的手段。孩子一回家，家长就会对孩子今天的表现进行种种点评，让孩子不胜其烦。

02

家长关注孩子当然是好事，但是过犹不及，如果过度关注孩子，不但不会让孩子觉得父母重视他，反而会引起孩子反感。

被过分关注到底是一种什么体验呢？

还记得走在大商场里，遇到一位热情的售货员时的经历吗？当你想看一件衣服时，她马上迎过来问："您想看什么款式？我帮您推荐推荐。"当你去看另一件衣服时，她又会说："这个衣服还有灰色和黄色。"不等你回应，她已经把灰色和黄色拿来让你比较。她如影随形，亦步亦趋地跟着你，直到你终于受不了她的热情，转身离开。其实你真的很想说："我只是想随便看看好吗？"

有一个做身心灵修行的老师告诉我，现在的孩子特别容易咳嗽，其实不一定全是环境卫生的原因，还可能是因为家庭关系过于紧张，或者家长对他们过于关注，而给了他们过多的束缚感，如同一只大手扼住了孩子的咽喉，让他们喘不过气来。

所有的亲密关系都应该有适当的距离，不能漠不关心近乎冷血，也不能过分干涉让人窒息。

上初中时，我常常骑单车自己回家，有时走夜路，整条街上只有寥寥几盏路灯相伴，但我执意要和同学一起走，不愿家长来接。直到上大学后我才知道，我爸爸经常在那段漆黑的路段远远地跟着我们，直到我平安到家。

很多孩子，回忆起爸爸妈妈的关心，只会觉得"烦死了！"而这件事，每每想起来，我心里都觉得很温暖，很感动。我想，这就是家长和孩子之间的最佳距离吧。

在养育孩子的问题上，我们不妨先让自己放松下来。孩子的成长不完全依赖于家长，还依赖于他们自己，千万不要让自己不知不觉地成为孩子的压力来源。营造一个温馨、自然、轻松、愉悦的家庭环境，这已经是一位妈妈能为孩子做的最完美的事情了。

不让孩子吃苦，孩子以后会吃很多苦

01

有天早上我送月宝去学校，看到她小小的身体背了个大大的书包，很是心疼，就拿下来，一路帮她拎着。到了学校门口，月宝也许是看到别人都背着书包，也自己接过来，利索地背上，然后和熟悉的同学一起手牵手进校门了。两个小不点儿都背着大大的书包，一路上聊得眉飞色舞，倒也不觉得书包沉重。我松了一口气，心想这当妈的，说不宠溺孩子，谈何容易？

我观察了一下周围的父母，大都帮孩子拎着书包，到学校门口才转交给孩子。有些祖父母和外祖父母更厉害了，不仅书包，连水壶和饭盒都替孩子拿着，到门口了还恋恋不舍，要不是门卫拦着，巴不得给孩子送进教室去。

爱孩子，总想为他打理好一切，让他顺风顺水，前途无碍。可是，这一路守护，要走多远呢？

02

同事袁姐 50 多岁了，她有个中年闺密团，大家经常约到一起吃饭、聊天、逛公园。一次，老姐妹们准备到稍远一点儿的地方旅旅游，可是袁姐却去不了。为什么呢？因为她要给儿子做饭。袁姐的儿子，我只闻其名，未见过其人，据说近一米九的大个子，长得像个硬汉，可是生活上，却羸弱得像个小孩子。25 岁的他，毕了业不找工作，天天宅在家里打游戏，饭来张口、衣来伸手不说，就是家里来个客人，也舍不得抬起屁股，回头问声好。

网上总有一些关于巨婴的案例：44 岁无业儿子把 83 岁母亲送到火车站乞讨，以养活自己；老阿姨走在路上突然被儿子暴打，只因她拿不出几万元钱替他还债……这些案例听起来令人心寒发指，但是活生生地发生在身边，只让人懂得了一个道理：可怜之人必有可恨之处。

就像我的同事袁姐，本来已经到了退休的年龄，却因为家里还养着这样一个大胖儿子，经济负担过重，只得延退。她每天利用中午的时间去买菜，下了班就要回家做饭。同事们都说，你儿子在家里也没什么事，不能帮忙买个菜吗？袁姐总是说："嗨！他一个大小伙子，哪会买什么菜呢？"同事好心给她儿子介绍了几个工作，她却先挑剔：这个工作的地方太远了，那个工作时间太长了，他哪里坚持得了呢？一来二去，同事们也就懒得跟着操心了。

有些孩子并非天生是巨婴，而是家长生生把孩子养成了巨婴。袁姐若是能对儿子狠一点儿，断了他的网络，赶他出去工作，断了他的食粮，逼他自己的事情自己扛，我不相信，一个将近一米九的大小伙子会被生活压垮了。而像她这样，依着孩子，惯着孩子，养着孩子，什么时候是个头儿呢？难不成等他结婚了，也两腿一伸天天打游戏，等着哪家又倒霉又缺心眼儿的媳妇过来伺候他吗？

03

很多时候，不是孩子不能独立，而是家长不敢也舍不得让孩子独立。这样万事都护孩子周全，未必是将孩子送往幸福，反而有可能断了他幸福的道路。

读者小微自称有一个顶天立地的父亲。她30多岁，离过两次婚，婚姻里总是遇到"渣男"，而她面对婚姻里那个不如意的对象，永恒的方式就是跑回娘家诉苦。她身后的父亲是她永远的"守护神"，只要她哭着跑回娘家，父亲必叫来女婿对他一通臭骂、甚至暴打。"渣男"起初被老丈人的威风镇住了，不敢"造次"，但是时间久了，便渐生冷漠，后来甚至出轨、进而离婚。离婚戏码重演的次数多了，小微终于开始反省自己：在婚姻里太过任性，从不考虑先生的感受；不懂得与人良性沟通，只会哭闹撒泼、歇斯底里；总希望先生像自己的父亲一样呵护自己，却忘了夫妻双方是平等的，没有了互相包容、互相尊重，婚姻将无法继续。

我在想，即使小微的父亲不懂得教女儿如何维护婚姻，但如果他一开始就狠狠心，让女儿独自面对婚姻里的种种，迫使她自己想办法扭转婚姻的局面，她是不是可以更快地成长，而不是在第三次婚姻即将结束的时候，才明白这些道理？

为人父母，总舍不得让孩子吃苦，但是生长在我们羽翼下的孩子反而会因为翅膀羸弱，而吃很多很多苦。更何况，我们眼中孩子吃的那些苦，真的是苦吗？

小时候，我妈嫌我读书累，总是不让我看书，逼我早早睡觉，其实对我来说，绞尽脑汁做出一道数学题，挑灯熬夜看完一本名著，是世界上最快乐的事。月宝的姥姥和奶奶不赞成她学跳舞，觉得她下腰劈叉太痛苦太危险了，但是实际上，月宝觉得劈叉是非常炫酷的事，每次下一字马都必须穿上舞蹈服，满满的仪式感。

有的家长舍不得让孩子做家务，有的家长舍不得让孩子受欺负，但是孩子真的觉得自己在受累，在受委屈吗？其实大多数时候是我们在孩子成长的过程中带入了过多的自我情绪。我们觉得做家务累，就不让孩子碰家务，我们受不了别人的行为方式，就觉得孩子在受欺负。

其实，孩子的眼光比成人单纯多了，他们若不被父母灌输负面情绪，心中会是纯净透明的，面对生活也能做到举重若轻。从3岁起，他们就有强烈的独立意识：想要自己使用筷子，想要自己穿衣服，想要自己洗袜子，也想帮妈妈择菜、扫地……孩子在成长过程中，一直会有强烈的自我完善、战胜困难的欲望，对于他们来说，很多"苦"不是"苦"，而是充满挑战的游戏！如果我们剥夺了孩子"游戏"的权利，就会让他们失去战胜困难的勇气，也会让他们的生活变得索然无味。慢慢地，他们就会变得游手好闲，不思进取，一步一步陷入低端、无趣等低能量的人生状态里。

父母之爱子，当为之计深远。舍不得让孩子吃苦受累，无异于挫败了他们的勇气和信心，削弱了他们的身体和精神，这将会为他们的人生埋下更多凶险的隐患。

04

作家刘墉曾说："孩子不懂得珍惜，因为他已变成笼子里的小鸟，天天等你喂。他无法独立，觉得你是欠他的，你到时候就该喂他。"

我们是高级动物，生的也是高级动物，千万别把孩子养得那么低级。雏鹰被推下山崖尚且能学会飞翔，我们的孩子又怎会离开父母的庇护就只有死路一条？

做父母，也许真的需要有一点儿"狠心"。在我们想要出手帮忙的时候，等一等，给孩子一些尝试的机会；在我们想要指导教育的时候，停一停，先看看孩子会怎么做；在我们觉得孩子在吃苦的时候，忍一忍，让他自己生长出力量，独立解决问题。

孩子越早独立，未来的路就越好走；孩子越快成长，未来的生活就越幸福。希望我们都不要用错恻隐之心，用自己的多虑封死孩子生长的空间。

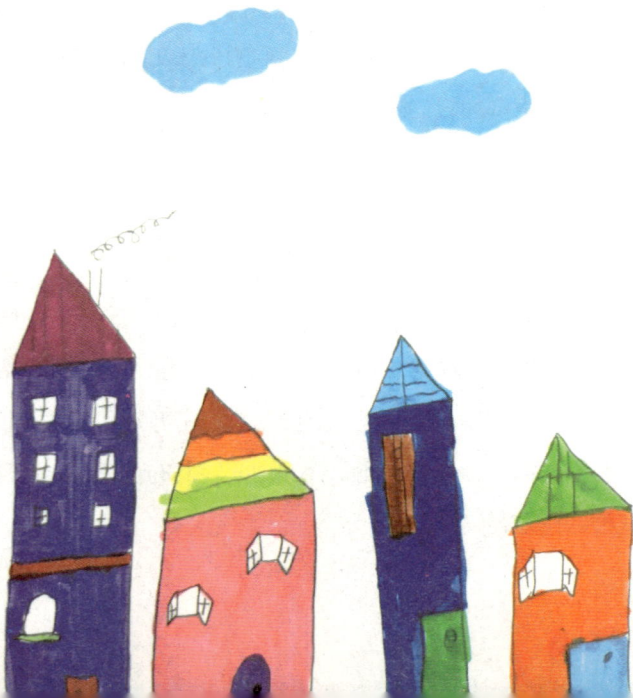

养孩子太累，是因为你给自己加戏太多

01

有一天我在地铁上，遇到一对夫妻为了孩子穿衣服的事争执不下。那个爸爸嫌地铁上太热，自己脱了外套，只穿一件衬衣，紧接着要把孩子的外衣也脱了。妈妈呢，说地铁上没有这么热，况且还有空调的风，孩子咳嗽还没好，怕再厉害了，执意不让孩子脱。

两个人一个硬要给孩子穿，另一个非要给孩子脱，争得挺厉害。这时候，邻座的一个老奶奶说话了："孩子热不热，摸摸他的额头，摸摸他的小手就知道了，你们俩争半天有什么用啊？"

真是一语道破天机。

很多父母照顾孩子完全是从自己的经验，自己的感受出发，却完全忽视了孩子这个客观的存在。很多问题，不是争论出来的，也不是分析出来的，真正的答案其实在孩子身上。

02

曾经有朋友在群里提问，说自己孩子的幼儿园老师要调去另一所幼儿园了，她非常纠结，不知道是该给孩子办个转学还是让他去适应新的班主任老师。群里很多朋友提出了自己的建议，有的说，能走就跟着走，孩子跟从一个喜欢的老师最重要；有的说，老师不能跟随孩子一辈子，总要让他适应新的老师。

我觉得这些都不是标准答案。给大家讲一个我以前的经历吧。

月宝幼儿园中班结束的时候，她的班主任老师怀孕了，所以不能继续带她们上大班。老师很舍不得孩子，我们这些做家长的心里也非常难受。最重要的是，月宝特别喜欢这个班主任老师，老师对她也很好，给她的正面影响很大，所以我甚至不敢告诉月宝这个消息，怕她承受不了。但是纸包不住火，早晚要面对，所以我就非常委婉地把这件事告诉了她。

月宝当时的反应是："杜老师的肚子里有小宝宝？现在吗？"

她居然完全不关心"老师要走了"这个点。于是，我又强调了一遍："杜老师下学期就不能和你们一起玩了哦，她要去别的学校了。"

"那谁带我们一起玩呢？"

"应该是孙老师吧。"

"就是那个卷头发的孙老师吗？"

"是呀。"

"哦。"

然后，竟然就没有然后了。后来事实证明，她不仅很快适应了新的老师，而且和新的老师配合很好。事情完全不像我想象的那样天塌地陷。

孩子有孩子的世界，他们有自己的情感，自己的判断，我们总在担心这个担心那个，不是因为孩子需要我们担心，而是我们给自己加戏太多。

03

关于"孩子被打了要不要打回去"这个话题，曾经在网上引起热议。我也看过很多关于这个话题的文章，每个人的观念看似都有道理，但是我都不敢苟同，觉得怎样做，怎样引导孩子都不太妥当。

直到有一次，月宝和别的孩子"打"起来了。女孩子之间的"打"不会动手，无非就是你不跟我好了，我不和你玩了之类的。其实就是谁先跳绳这种小事，但那天眼看就要引发两个女孩子友谊的破裂。俩小孩儿争得火热，我和那个女孩的妈妈却在旁边聊得很开心，可我的眼神已出卖了我隐隐的不安。

她沉默了一下，瞟了两个孩子一眼，对我说："不用管她们，她们有自己的小社会。"

我豁然开朗。

是呀，孩子有自己的小社会，他们有自己的社交方式，也许他们在和同龄人的交往中会碰壁，会吃亏，会手足无措，但是这些过程也是他们增长社交能力的过程。我们做家长的，就算能越俎代庖，帮孩子摆平一切，但是对于孩子的成长真的有帮助吗？我们可

以帮他打一架，但是能教会他如何处理交往中出现的矛盾吗？这些矛盾真的只是靠打架可以解决的吗？小孩子之间，打打闹闹，仅此而已，但是孩子长大后，如果面对成人之间的倾轧、争斗呢？都靠武力来解决一切争端吗？孩子有孩子的智慧，也有孩子的情感。我们做家长的应该尊重孩子的处理方式，必要时给予适当的引导即可。

04

中国的家长与外国的家长最大的区别就是，大多数外国的家长觉得自己的孩子什么都懂，而有些中国的家长觉得自己的孩子什么都不懂。

我们中国的家长的确很辛苦，但是我们有时候太累太苦，是因为我们把孩子当个宠物一样去喂养，总害怕自己照顾不周，关注不到，导致孩子长歪了，或者出现什么闪失。但是孩子不是宠物，每个孩子都有自己的成长规律，都有适合自己的成长方式，即使再小的孩子，也懂得如何为自己的生活做选择。

有很多家长，安排起孩子的生活来，事无巨细，包括孩子看什么书，玩什么玩具，选择什么样的朋友，什么时候去厕所，应该吃多少饭菜……然而你会发现，随着孩子年龄的增长，你为他做得越多，他越反感。为什么？因为你剥夺了孩子成长的机会呀！你给了他生命，却不让他自然地生长，对于孩子，这是多么痛苦的事情！

孩子是一个自由独立的个体。每个孩子都有自己的角色，自己的戏份，他们生活在这个世界上，不是为了活成父母的翻版，而是为了活出自己独特的价值。

也许作为家长，我们都太爱抢戏。我们不仅爱抢戏，还爱给自己加戏，好像孩子的那些角色也应该由我们出演一样。很多亲子关系的破裂，不是因为我们对孩子不好，而是因为我们给自己加戏太多，干扰了孩子自主成长的步伐。

从今天开始，让我们做个不抢戏、不加戏的家长吧。

做父母，贵在有界限感

01

做父母为什么累？有时候是自找的。

孩子数学作业写完了，家长挨道题给孩子检查，做错的题一道一道地给孩子讲，孩子不领情，在书桌前如坐针毡。见到此情此景，做父母的心里能不冒火吗——巴巴地给你讲还不认真听？于是越讲火越大，越讲越着急："这么简单的东西都反应不过来，脑子是不是有问题呀？"最后，家长急了，孩子哭了，今天的闹剧演完了。

很多学童的家庭中每天都上演这样的闹剧，闹到最后，孩子情绪崩溃，家长叫苦不迭，实在是累！

你问我怎么知道大家是这个状态？因为我亲身经历过呀！

02

月宝刚上小学的时候，我比她还激动！

崭新的作业本，泛着书香的课本，妥妥地把我带回了学生时代，每次老师一给我发作业，我就学霸附体，一到家就把月宝的书本都翻出来，挨项检查、签字、帮她改错……她一边写，我一边在旁边吆喝，就差握着她的手直接往本子上划拉了。

作业发下来，要是贴了小红花，我晚上做饭都哼着小曲；要是错了几道题，完蛋了！我在孩子面前都觉得抬不起头来，小学生的题，我都能做错，我这个妈当得也太失败了……后来怎么样了呢？后来，以前经常熬夜写稿的我突然痛改前非，每天九十点钟就乖乖睡了；后来，我再也不刷抖音，系统已经自动把它定义为濒临卸载的软件了。

原来，累，可以治愈一切顽疾（臭毛病）！

我这么累，月宝是不是格外出色呢？

首先，语文作业的字写得越来越潦草了。她经常说："妈妈，你要是觉得我哪个写得不行就给我涂，不然我就不改。"其次，数学经常空一大堆题回来，你问她，她就仰着脑袋说："你给我讲吧，我不会。"而且她还学会告状了："爸爸，妈妈昨天给我检查的作业里错了两道，你说她是不是不认真？"嘿！到底是谁的作业呀？

可是反过来想一想，这是谁造成的局面呢？

我经常口口声声地告诉月宝："是你上学，不是我上学。"可是一扭头，就利利索索地把她的书包收拾好。我郑重其事地说："做题要塌下心来，动动脑子，好好思考。"可是没几分钟，我就开始教授上身，指导加暗示，直到她把正确答案写出来。我做的，和我说的，完全就是两回事！

我为什么这么累？不是因为我本身的事情多，而是我把太多不属于我的事，把太多月宝该做的事变成了我自己的事情来做！

意识到这一点后，我开始改变了。

月宝再遇到不会的题，我看一眼："这个题你不可能不会做，你的小脑瓜，一会儿就想出来了！"遇到稍难一点儿的题，我就坐在她旁边，和她一起想办法（其实都是她在想办法，我就是个跑龙套的）。题目审错了，我让她给我读读题，她读着读着自己就反应过来了。收拾书包我也不用管了，因为我有几次忘了给她带东西，她再也'信不过'我了。

我变得轻松了，月宝的成绩呢？不但没像我担心的那样一落千丈，反而让我觉得她开窍了。比如之前她怎么都弄不懂"元、角、分"的问题，也不知道她是怎么会的，反正现在无障碍了。

03

很多父母都觉得自己做不到"相信孩子"，其实是因为你没有吃到"相信孩子"的甜头。

当你觉得他不可以时，你事事为他操劳，他依然是个"扶不起的阿斗"。但是当你真的选择相信他，把他的事交还给他自己来做时，你会发现，孩子总能给你惊喜，让你眼前一亮。

不记得在哪里听到过：做人要有界限感，即使你知道是对方的错误，也要让他自己独立面对，不能过分干预、插手和说教，否则就会酿成糟糕的人际关系。

做父母何尝不是如此？很多尽心尽力的父母最后收获一段糟糕的亲子关系，都是由于缺乏"界限感"。

在亲子关系中保持"界限感"的基本原则是：管好自己的事，不干涉孩子的事，顺应孩子自然生长的规律。

缺乏"界限感"的父母，总是会以自我为中心，理所当然地去处理孩子的问题。喜欢命令，不愿商量；喜欢说教，不愿聆听；喜欢发泄，不愿包容；喜欢大刀阔斧地改造，却不愿意小心翼翼地维护和修复。殊不知，多数情况下，孩子并没有错。错的是你太急，错的是你越界，错的是你想在孩子身上重新过一遍你的人生。

04

没有界限感的父母，控制孩子的童年，监管孩子的少年，等孩子长大后，还要把关孩子的恋爱，插手孩子的婚姻，似乎永无止境。不仅会搭上父母半生的劳顿，还会葬送孩子一生的幸福。

悬崖勒马吧！如果你觉得照顾一个孩子太累了，很可能是因为你做的事情太多，超出了孩子所需要的，更超出了他们所能承受的。

做父母，贵在有界限感。与孩子亲密，却又适当地保持距离；给孩子一些切实有效的指导，但又不包办代替；包容孩子犯的一些无关紧要的小错，但不小题大做；和孩子开心地做朋友，而不强人所难……把生活的重心放在自己身上，让自己成为孩子乐于接受的引领者。

在孩子的问题上，永远记住这样一句话："在人生的路上，有一条路每一个人非走不可，那就是年轻时候的弯路。"

这条路，请让孩子自己把它走完。

什么都想管的父母，什么也管不了

01

在月宝的舞蹈课上我认识了一位家长，人送外号"祥林嫂"。这位嫂嫂和谁都是自来熟，随随便便就能聊上两句，而且聊得绝不是天气呀，交通啊这些场面话，而是掏心掏肺的干货。

比如她第一次跟我聊天时，刚说两句话就直奔主题："你家孩子上厕所会自己擦屁屁吗？我们那个幼儿园的老师连裤子都不给孩子提，她能给孩子擦屁屁吗？"

这么高大上的问题我还第一次遇到，于是便饶有兴趣地和她讨论起来。我说我们那个幼儿园分坐便和蹲便两种，我偷偷告诉过孩子要用蹲便，起来后别忘了用卫生纸擦一擦……

"我也是这么告诉她的，我还在家教她怎么擦了，但是这孩子根本不听，可愁死我了！"

哦，其实我知道月宝肯定也是不听的，她们几个女孩子喜欢一起去厕所，一边玩一边笑的，估计能提好裤子就不错了。而且那天我去接她，眼看着她越过蹲便，一屁股坐在小伙伴刚坐过的马桶上，完事后跳起来就跑走了。这事"祥林嫂"要是不提起来，我都快忘了。孩子嘛，总不能像成年女人一样精细。

过了几天，我又遇到"祥林嫂"和另一个妈妈聊天，这次她们聊的是孩子的作业问题。"祥林嫂"说，她家孩子每天写拼音时都是先把所有的拼音都写完了，最后再写字，而她要求孩子写一个拼音，写一个字，这样可以加深记忆。另一个妈妈说，她家孩子也很奇葩，这一行字里写错一个，所有的字就都涂了重写，这样根本没有必要，错一个涂一个就行啊！

两位妈妈聊得特别嗨，我心里暗自庆幸，幸亏这次没找我聊。现在月宝写作业，我除了看看她拿笔姿势，看看她笔顺，很少陪着她写，每次都是她写好后给我看。至于她有什么习惯，我已经不太在意了。

说到这里，我要介绍下"祥林嫂"这个名号的由来。

我和舞蹈教室的一个老师私交不错，她经常对我说，最怕这个妈妈来上课：每次孩子在里面上课，她都在外面大吐苦水，带孩子苦，带孩子累，带个孩子要崩溃。叨叨念念的总是这几句话，和祥林嫂似的。她还经常看到这个妈妈坐在孩子旁边，举着个饭盒，说："你先吃口这个，不然太咸！"或者端着水壶站在教室门口，说："再喝点儿水，别上火！"不然就是举着鞋子追在孩子后面大叫着："别光脚！穿鞋！"

这样的妈妈，她不累，谁累？

很多妈妈真的是这样，照顾孩子，那叫一个无微不至，教育孩子，那叫一个事必躬亲。但是到头来，她累死累活，孩子还不领情。

02

有天晚上我看到一个读者留言，说自己的教育很失败，亲子关系很紧张，她因为孩子的学习成绩已经方寸大乱。

我当时有空，就回复了两句，她见我回复，急忙问了一个问题，我想肯定是困扰她已久的且很严重的问题吧。她的问题是这样的："我女儿 12 岁了，最近一直磨我让我给她剪短发，但是我觉得中长发梳起来比较利落，而且短发不太适合她，就没同意，孩子就各种不开心闹情绪。这是不是青春期的迹象啊？"

我说："我要是你呢，就带她去剪，只要别剪另类的发型就好，但是我会问问她为什么突然想剪短发，不过只是了解一下，没规劝的意思。"

这位妈妈说："那这样会不会助长孩子任性呢？而且万一她剪了后悔怎么办？"

"那就后悔呀，有什么关系？"

后来这位妈妈又问了我一些问题，我只好回复她说："放下你改变孩子的念头吧！"

有时候和那些焦虑的妈妈聊上几句，就会发现她们焦虑的原因所在。其实 99% 的焦虑妈妈，都毁在了细节上。孩子的大事小事，事无巨细都要过问，都要插手，动辄上纲上线，什么敏感期啦，青春期啦，任性啊，没礼貌哇，不断地往孩子身上套理论，贴标签。

没那么多讲究好吗！

妈妈作为孩子最重要的监护人，当然应该时时刻刻关注孩子，在重要关头给孩子出出主意，做做选择，但是我觉得，即使是妈妈，在孩子一生中真的值得替他做的选择不会太多，超不过十个。

哪些选择是必须你强制孩子执行的呢？

不久前有个朋友问我，14岁的女儿和同学们约好要去山里玩几天几夜，去的都是同班同学，但是有男生有女生。她不想让孩子去，问我这种想法对吗？

对呀！14岁的孩子不知道深浅，而且男男女女在一起过夜，你愿意相信这是年少纯真看星星看萤火虫的夜晚，我可不愿意相信，也不敢冒这个险。所以这个时候，就需要拿出家长的威严，禁止她参加这种活动。

如何才能让自己的话在关键时刻有用？其实就是平时不要那么多话，不要那么多"不允许"。你今天不允许她写字先写拼音，明天不允许她穿裙子上街，后天不允许她剪短发，你的"不允许"就没有力量了，孩子疲沓了，习惯了，烦了。如果你什么都想管，最后一定是什么都管不了！

03

有的家长担心：如果什么都不管，太放任孩子，孩子不是会有各种各样的坏习惯吗？

有一个方法，就是把要求提在前面。

孩子到了超市就没完没了地要东西，那么去之前，告诉孩子他可以买三样东西，具体是什么他随便选，但只能三样。孩子写作业磨磨蹭蹭，告诉他晚上一共两个小时，作业早写完，写好了，可以多看会儿电视，剩下的时间让孩子自己安排。

把规则制定在前面，剩下的让孩子自己做主，他会感觉到自己是有选择权的，他会在规则范围内自由发挥，这样让他很爽，又走不出你的套路。你一句话制定了规则，再不需叨叨念念，你省了口舌，孩子还觉得你很开明，跟你关系很铁。

教育孩子就像是下一盘很大的棋，排兵布阵、统筹全局，眼光要放长远一点儿，千万不要掉进细枝末节里，把自己的力量都浪费掉。否则，你的世界里只剩下无休止的焦虑。你自己不放下，任谁也救不了你。

父母对孩子最美的暗示，是"我相信你"

01

如果有一样东西，你给了孩子，他就会变得聪明、果敢、独立、自信，他更有幸福感，能成为更好的自己，你会给他吗？

我想大部分家长都会回答：当然会！

的确，这是一个我们不惜花重金、全力以赴培养孩子的时代，从来没有哪个时代的父母像如今的父母这样关注亲子教育。

与我们那一代"小时候动不动就会挨批挨打"的状况不同，今天的各路专家纷纷站出来说"好孩子是夸出来的"，我们也总是在各种场合看到年轻的家长对孩子竖起大拇指，听到他们对孩子说："加油宝贝，爸爸（妈妈）相信你是最棒的！"

可惜，这个谎撒得不够漂亮，在生活里，它漏洞百出。

前不久，同事孙阿姨的女儿从国外打电话回来，说自己在国外生活得非常不愉快。孙阿姨的女儿是个超级学霸，从小乖巧、听话，顺理成章地考上了国外的大学，但是到了那边才知道，她的生活能力、独立思考能力、沟通能力在同龄人中只能排倒数。她和母亲说起自己的烦恼，言语中竟然有了怨怼："妈，你以前把我照顾得太好了，但是出了国，我才知道，自己竟然还是个小孩子！"

孙阿姨嘴上安慰着女儿，但是心里很难过，她不知道一向自信的女儿语气里怎么竟然出现了卑怯，也不知道自己曾经对女儿无微不至，怎么就错了？

其实，这是很多中国家庭的局面，父母对儿女无微不至地照顾，儿女把这种无微不至的照顾也视为理所当然。但是这些孩子长大以后，一种不成熟的状态却渐渐显露出来，这种不成熟即使不流露于表面，也根植于内心。

有心理学家做过调查，目前 90% 以上的高中毕业生在选择大学专业的时候一片迷茫，他们不知道自己该学什么，该做什么，以后会过什么样的人生。他们在专业的选择上多数是听从父母的建议和安排。

为什么会这样？其实，这是因为家长在孩子成长的过程中不断地帮他做决定，封杀了他成长的空间。

02

我们或多或少都做过这样的事吧？追着孩子给他穿衣服，强迫孩子再多吃几口菜，催逼甚至监督孩子写作业，提醒他见到邻居打招呼。

没错，很多人认为这些是父母分内的义务。但是，如果做得太多、太细、太极端了，就变成了对孩子的过度干涉。

我有个妹妹，每天早上母亲都要叫她起床，只要她没动，母亲就会一直在床边催她，而且分贝越来越大，简直就是一只尖叫的闹钟。且不说任何人起床时都需要时间去适应，退一步讲，你不叫她起床她就不知道自己起床吗？

其实，让孩子学会自己按照学校要求合理安排入睡、起床、吃早餐的时间比什么都重要。怎么学会？很简单。如果她起晚了就会迟到、会挨批，但她也能从这些惩罚中学会到底该怎么安排时间，才能按时到校。但是我们往往没有这样的耐心让孩子去试错，她每天只是在你的催逼中满含着怨恨起床，一家人剑拔弩张。孩子带着这样的糟糕心情吃早餐、上学……而她永远不知道她的妈妈这样晚上催她写作业、早上催她起床到底是为什么。

03

很多时候，我们在孩子的童年里扮演的就是一只尖叫闹钟的角色。只要孩子一刻没有按照我们的要求行事，我们就一刻不能停止尖叫。

这种干涉背后的根源是什么呢？

就是我前面说的那个不漂亮的谎言——虽然我们口口声声说我们的孩子是最棒的，但是事实上我们并不相信自己的孩子。不相信孩子会自己吃饭，不相信孩子会懂得冷热，不相信孩子会自己穿衣服、自己起床、自己做作业，甚至不相信孩子会自然而然地长成一个好人。所以，在孩子成长的过程中，我们一直在旁边唠叨、提醒、把控……就害怕他长歪了。

可惜，家长对孩子的干涉，表面上看属于过度呵护、溺爱导致孩子独立性差，孩子没有自主权；从深层次上来讲，这种行为和思想上的包办代替将直接导致孩子内心成熟缓慢、精神世界空虚、没有力量感，而且非常不自信。

曾经有一个名牌大学的在校生说："进了大学后我才发现，20多年来，除了学习我什么都不会干。不会洗衣服，不会收拾房间，甚至到了食堂不知道自己该买多少饭。在家里，所有的事都是爸妈替我做的，自己从来都不动手，学习以外的事爸妈都不让我碰。现在跟同学在一起，我成了'弱智'。最让我苦恼的是，在人际交往和社会阅历方面我也不如别人，显得那么幼稚，这让我很没面子、很是自卑……"

美国人本主义心理学家卡尔·罗杰斯曾指出：人格由"经验"和"自我概念"构成，当自我概念与知觉的、内藏的经验呈现协调一致的状态时，他便是整合的、真实而适应的人；反之，他就会经历或体验到人格的不协调状态。也就是说，孩子自己认为对的，依照自己的经验去做，和家长告诉他什么是对的，要求他去做，给孩子带来的是截然不同的感觉。前者是孩子建立自信、独立成熟的必经之路，后者却是家长对孩子精神的"阉割"。

04

不过度溺爱也并不等于不控制孩子，但控制要把握一个度。

　　《诗词大会》火遍全国的时候，观众们都被主持人董卿的诗情和才华深深折服。但是这位才华出众、掌控力超强的主持人一提到自己的童年就忍不住潸然泪下。

　　董卿的爸爸是一位"狼爸"，曾经要求她一识字就背诗，青春期不许照镜子，从初中开始就打工。也许在某种意义上，董卿有今天的成就得益于父亲对她的严格要求和严加管教。但不可否认的是，父亲对她的强压和控制也让她失去了一个女孩自由成长的快乐。在成长的过程中，她没有得到父亲足够的尊重和信任，这是她童年里最深的阴影。

家长对孩子的过度控制不仅体现在生活层面的事事操心、干预，也包括对孩子三观上的灌输，对成功的定义，对孩子人生的规划，对他们的独立意识进行大刀阔斧的修正和改造。殊不知，你想拥有的生活不一定是孩子想拥有的，你信奉的价值观也未必是孩子认可的，你手中闪耀的镁光灯也许并不能照亮孩子的人生，反而会在他们心里留下伤痕。

我们为什么会这么喜欢控制孩子呢？表面上看是孩子长不大，其实是我们自己没长大。

一位心理咨询专家曾提到过：我们90%的爱与痛，都和一个基本事实有关——有些成年人，心理水平是婴儿。

婴儿最显著的特点之一就是全能自恋，即，婴儿觉得我是无所不能的，我一动念头，和我完全浑然一体的世界（其实是妈妈或其他养育者）就会按照我的意愿来运转。

这些成年人在潜意识里依然有全能自恋的心态，只不过，他们把自己可以掌控的世界变成了身边的孩子。

全能自恋的同时会伴随无助感，当全能自恋受挫的那一刻，这些成年人会感觉自我和整个世界都破碎了，这种深深的无助感会转变成暴怒、忧伤、自责。为了消除这种难受的体验，他们会转而攻击那个破坏他们的全能自恋的人，强迫那个人做出改变，来满足自己的全能自恋。

我们为什么要控制？因为我们内心是婴儿！为什么控制的对象不是别人，而是我们的孩子？那是因为，一方面，从现实层面讲，一个生理上弱小的生命，是唯一可被我们操控的；另一方面，孩子是我们生命的延续，操控了孩子就相当于操控了童年的自己，在这个过程中，我们会逐渐找回自己对童年的把控权，逐渐来修复自己的童年。

当孩子担当了满足家长全能自恋的牺牲品时，他们必须通过"听话"来平息家长的怒气，消除家长的忧伤，支持家长的喜悦，获得家长的嘉奖。与此同时，这些孩子也在潜意识里接受了"自己不行"的这个暗示。

05

美国著名心理学家罗森塔尔和雅各布森在小学教学上验证过这样一个事实：人的情感和观念会不同程度地受到别人下意识的影响，接受他们给予自己的暗示。人们尤其会不自觉地接受自己喜欢的、钦佩的、信任的和崇拜的人的影响和暗示。在孩子小时候，这个人通常是他们的父母。

当父母没有给孩子充分的信任时，孩子会默默接受这种暗示，认为自己的确不行，不会自己吃饭、不懂增减衣服、不会照顾自己、不能自主学习、不能掌控自己的生活……于是，家长一日不放手，他们就一日长不大。

尽管长大是每个孩子的本能和向往，但是在父母全能自恋的打压下，孩子自身会陷入无休止的困扰和挣扎，一边想掌控自己的生活，一边想满足父母的全能自恋。于是会出现这样两种极端情况，一种是孩子被父母战胜了，成为一个听话的、被动的、无能的妈宝男、妈宝女；另一种是孩子战胜了父母，掌控了自己的生活，却落下一个叛逆甚至不孝的罪名。

06

不要再让孩子重复你童年的故事了。你童年的被批评和你孩子现在的被操控，其实并没有本质的区别，那都是一种精神上的打压、抑制和伤害。

我看过一幅漫画，印象非常深刻。平地上本没有沟壑，也没有荆棘和沼泽，可是，这样一方坦途上却被人为地架起高台，摆放好梯子，让孩子从上面通过，看似协助，实则为孩子增添了新的困难和障碍。以此来形容当今父母为孩子的付出再形象不过了。

对孩子来说，他们完全有能力自己走过这片空地，并不需要父母太多的帮助，正像漫画中所说的："只要给他们两条腿就已经足够了。"可是我们的父母并没有给孩子这样两条腿，而是自己充当了孩子的"轮椅"或"拐杖"，把孩子禁锢在自己给孩子划定的范围之内，结果，孩子离开了父母寸步难行，甚至不会走路。

事实上，正是那些希望孩子成才的父母对孩子的过度控制，成了孩子成长进步的最大障碍。可是，我们到底该怎么做呢？

首先，真正相信我们的孩子，把孩子当成独立的人。允许孩子和你不一样，他可以有他的选择，他可以有他的想法，他可以不按照你希望的那样去做。

其次，让孩子接受自然的惩罚。孩子不睡觉，就会困，早上赖床，就会迟到，被老师批评，被同学嘲笑。在我们眼里，孩子总是走在"做错事"的边缘，提醒无效就不要再提醒，让他体验一次做错事的后果，比讲再多的道理都记忆深刻。

最后，我们也要成熟，也要长大。我们的长大不是能力的增强和智慧的增长，而是学会消除自己潜意识里的全能自恋，允许身边的人做他们自己，允许我们的孩子成为他们自己想成为的人，把我们的眼光拉回到自己身上，完成自己的梦想，成全自己的愿望，从控制转变为放手。

生活中的允许与接纳、行动中的放手与信任，胜过一万句空洞、虚伪的"孩子你最棒！"

那么，成长路上最宝贵的信任，你敢不敢给孩子？

第三章

孩子不服管，罪魁祸首是你的一句狠话

"妈妈，你是不是不爱我了？"

01

有一次我在肯德基排队买晚餐，本来是带了些困意，但是一个女人尖利的嗓音突然扎进了耳膜，吓得我困意全无。

"你要气死我呀！"女人对着身边的一个男孩喊。

这话显然不对，男孩怎么可能想把自己妈妈气死呢？把妈妈气死对他有什么好处？谁带他回家？谁哄他睡觉？谁给他买吃的？而且男孩也不知道怎么样会把妈妈"气死"，就像他不知道怎样才能止住妈妈的怒气。

"你给我下来！你给我好好坐着！腿别乱晃！赶紧吃呀你！"妈妈眉头紧锁，怎么看孩子怎么不顺眼。孩子呢，也是动辄得咎，怎么做都做不对。

作为一个身经百战的妈妈，我可以百分之百地肯定，这个女人心情不好，而且与她的孩子无关。

为什么这么说呢？举个例子吧。

月宝喜欢玩水，经常玩得天上地下波浪滔天，满屋子没有一处干燥的地方。有一次过年的时候，她把自己的娃娃挨个儿拿出来洗澡，差点儿把客厅变成游泳池。我在旁边一边收拾东西，一边表扬她："真好！洗得真干净！"其实，我的话外音是：玩吧玩吧，只要不拉着我一起玩就行！大不了一会儿再擦地呗！

然而她小时候，我最不能容忍的就是她玩水。每次我看她玩水就秒变火龙，说出来的话温度至少飙到 120℃。还记得那次，她让我帮她端着小桶，我说不行！她把水洒在地板上，我警告她，再掉一滴就别玩了！她把水桶往身上抱，新换的衣服全湿了，我气得差点儿原地爆炸。她看着我满脸怒气的样子，哭着说："妈妈，你是不是不爱我了？"

我停了下来，开始反思自己为什么反感她玩水。后来我发现，是因为我实在太累了，她只要一玩完水，我就要从头到脚给她换衣服，她弄了一地水我还要收拾，好不容易她睡着了我还得爬起来洗衣服。最可气的是，这些工作在月爸嘴里都是轻描淡写："小孩子哪有不爱玩水的，你就让她玩会儿呗！"说得多轻松啊！

其实现在看来，月宝玩水的行为是一样的，但是因为我心境的不同，我的反应却有天壤之别。我是脆弱的，我只是需要休息，需要理解而已，但是我表现出来的却是极大的愤怒，好像月宝犯了什么不可饶恕的错误一样。

02

我们生气的时候多半归咎于别人，好像是别人做了什么事情导致我们生气，其实仔细想想，我们生气多半是我们内心的需求没有被满足。

有个姑娘曾经气呼呼地跟我说，她非常非常讨厌住在婆家，因为她不愿意看到婆婆宠孩子的样子，而且她也不喜欢老公在婆家的状态。

什么状态呢？她说，就是好像老公也变成了一个孩子。

我说："这不是你的真实想法，如果你不说出你的真实想法，我就没办法帮你。"

她继续想，然后说，她非常不喜欢看到婆婆宠她老公和孩子，这让她感觉他们无法长大。

我问她："如果现在是你在宠自己的老公和孩子，或者你的老公和孩子在你面前是这样的状态，你会这么反感吗？"

她想了想，说："不会。"

"又或者，现在是你的母亲在宠你和孩子，你会反感吗？"

她又说："不会。"

"所以，根本就不是老人宠孩子和大人的问题，而是你在婆家看到老公和孩子的状态是轻松自然、备受宠爱的，而你却像个外人一样需要毕恭毕敬，谨小慎微。这种反差造成了你的心理落差，所以你不愿意生活在婆家，想要独立生活，因为独立了，你和老公就平等了。"

听到这儿，这个姑娘开始"吧嗒吧嗒"地掉眼泪，她说，这么多年最后悔的事就是远嫁，在自己亲妈身边永远都是孩子，可是嫁出来后，什么事都得自己担着。

一个需要关爱的诉求变成了无休无止的指责、抱怨、争吵……而且吵到最后，就变成了无理取闹。这就是我们日常生活中经常上演的戏码。

03

有一天我在地铁上听到一对老夫妻吵架。

老阿姨问先生："你看这两件衣服哪件好看？"

先生说："蓝色的。"

"蓝色的会不会太土了？"

"不土。"

"你看这花边，太土了。"

"那你随便吧。"

"嘿，我让你给我看看，你什么态度哇！"

"就这态度，你看行吗？"

"你有病吧你！出来玩一趟，你别找不痛快呀！"

"你找不痛快还是我找不痛快？"

"我让你看看衣服怎么是我找不痛快？"

（此处省略五千字……）

两个人一共吵了五站地，有七八分钟吧，老先生才说了一句重要的话："你问我，我说了，你又不听我的，那你问我干吗？"

其实老先生是觉得，他给了意见，对方却不听，所以他有不被重视，甚至不被尊重的感觉。但是老阿姨没听明白，她继续纠结在先生有没有病，是不是没事找事这个问题上，直到两个人一前一后气呼呼地下了地铁。

"你要气死我呀！"这就是他们表现出来的呼声。但是事实上，他们只是内心的需求没有被满足。老先生需要被尊重，老阿姨需要拉个人陪她一起纠结，仅此而已。

04

每个人都会生气，但不是每个人都会表达愤怒。有的人一生气就喊，结果落一个"情商低，脾气不好"的评价；有的人一生气就撕，结果不管撕赢了还是撕输了，都会让关系两败俱伤；有的人一生气就喝闷酒，不但解决不了问题还伤身体；有的人一生气就拿别人撒气，于是就会让身边那些深爱你的人遭殃。

其实，生气的时候最先要做的是想清楚自己为什么生气，发现自己内在的需求是什么，然后表达你的需求，而不是表达你的愤怒，更不是指责别人惹你生气。

如何表达自己的需求呢？

首先，承认自己很生气。接着，要了解自己为什么生气，自己的气愤和眼前的人有没有关系。如果没有关系，清空自己的思绪，专注于眼下的事，专注于眼前的人。如果有关系，明确地告诉对方，面对他的行为，自己有什么感受。

我们回到前文肯德基中发生的那一幕，如果你是那位妈妈，你会怎么做？

如果是我，我会先面对一下自己的心境：我在生气，我很烦躁，我现在心情很不好——面对自己当下的心境很重要，这样我们就不会把情绪的根源往外推，推到无辜的孩子身上。然后我会想想，我现在心情不好和孩子有没有关系，他今天真的格外调皮吗？还是有其他事情让我很烦恼、很苦闷？如果不是孩子的问题，我会马上清空自己的思绪，把别的事情先放下。孩子是快乐的，如果你跟从他，他就会感染给你快乐；但是如果让他跟从你，你就会传染给他不快乐。如果真的是孩子的问题，就明确地告诉他："你这样做，让妈妈很伤心。"或者告诉他："你的表现让妈妈感到很辛苦，妈妈很想满足你，但是妈妈也有疲惫的时候，也需要休息，妈妈照顾你，你也要照顾妈妈，这样我们两个才是最好的朋友。"

放低姿态、放低语调的倾诉有时候更能唤醒对方的爱，激发对方的保护欲，哪怕对方是个孩子。有了这么高效的方法，你又何须大喊大叫，浪费那么高的分贝呢？

孩子犯错不可怕，
可怕的是你揪着他的错不放

01

我一定要检讨一下自己奇葩的想法，我觉得月宝玩的时间太少了。每天回家，我像所有家长一样催孩子写作业，但是目的不一样，我觉得赶紧写完作业才有时间玩哪。可是月宝偏偏磨蹭，数学题写好半天，好不容易写完了，错了一半。

我就质问她："怎么错这么多呢？这些不都白写了吗？又得重新做！"

看到月宝委屈的表情，我阵阵心疼，但是理智告诉我说，一定要做一个威严的妈妈，不然她就更不认真了。我当然知道她是因为不认真才错的，这些数学题一年级的时候就做过，只不过现在换了个数而已。但是你知道月宝说什么吗？她说她不会做！

35 只鸡，鸭子比鸡多 7 只，鸭子多少只？这能不会做吗？

我都快气出眼泪来了。

月宝真流眼泪，她哭着说："妈妈，我真不会做，你都把我闹傻了。"

02

我学车的时候正赶上头脑灵光的年纪，和一些大哥大姐一起学，显得我上手特别快。每次轮到我开，教练都不用大吼大叫，反而总是在别人面前夸奖我，说要是每个学员都像我这样，他也就不用天天着急上火了。

可是有一次他病了，换了另一个教练带我们，这个教练可不知道我是"学霸"，我刚一放手刹，他就跟我急了："安全带系了吗？！"

这一嗓子可把我吓坏了，我以为自己犯了什么原则性错误，反应半天才知道是安全带的事，我拉安全带的手都开始抖了，赶紧想自己下一步该干什么。还没想出来呢，教练又喊上了："走哇你！你会不会开车呀？"

以前都是我看人家挨训，自己偷着岁月静好，今天遇上这么个火药桶子，上来就冲我开炮，后面坐的那些大哥大姐也都不敢说话了。我哪受过这刺激，面子里子都一下子挂不住了，我心想一定要开好了给他看看！

可是我完全忘了下一步该干什么，整个人傻在了方向盘上。他说一句，我忙活一下，完全是一种手忙脚乱的状态。他让打个右转灯，我都得想想往哪边扒拉。

终于，教练吼一嗓子："下去吧！换人！"我这才如释重负，坐到后排流汗去了。

03

我从学车的回忆中缓过神来，看着眼前皱着眉头的月宝，她现在的状态和我当时好像啊！我不理解月宝为什么粗心犯错，到最后连简单的式子都不会列了，可想想我学车时，起初不过是忘了系安全带，但是到最后不是连左右都分不清了吗？

为什么会这样？因为当我们犯错的时候，受到了指责。当一个人受到指责的时候，第一时间不是当机立断，智慧丛生，而是彻底傻了。

谁都不想犯错，但是谁都无法避免犯错。犯错以后，本来自己就很懊恼了，如果身边的人再恶语相加，一通指责，只会让自己的心情雪上加霜。情绪上来的时候，智商就会下降，所以，再简单的事情也不会做了。

况且，指责起到了什么作用呢？

孩子拿着一张考得一塌糊涂的卷子回家了，你问他怎么考得这么差。他会找借口：题看错了呀，卷子没写完哪，老师讲课听不懂啊……这还是好的，有的孩子就三个字："我！不！会！"我不会，你让我怎么写？我不会，你能把我怎么着？结果家长和孩子打了一晚上架，也没解决这个"我不会"的问题，因为孩子也要面子呀。虽然他考不好，自己心里也不舒服，但是面对家长的质问和指责，他没力量去反思自己的错误，反而会因为自尊心严重受挫而奋起反抗，竭力为自己辩护。

很多亲子关系都是在"责备"中被杀死的。孩子犯错是很正常的事，也是他成长的必经之路，但是很多家长就是看不得孩子犯错。

我一个同事对孩子要求很严格，每次孩子做错题她都要问他为什么，为什么做错。孩子答不上来，只能噼里啪啦掉眼泪。

孩子的爸爸看不过去了，就私底下对我同事说："你会开车吗？"

她说："会呀！"

"那你交过罚款吗？"

"交过呀！"

"你会开车为什么还违规呢？"

"我那不是没注意吗？"

"你能没注意，孩子就不能没注意吗？"

从这几句对话就可以看出，爸爸在孩子犯错的时候拿出的是同情和理解的态度。所以同事说她儿子和爸爸感情特别好，我相信。当孩子失落的时候，你说一句没关系，其实并不是允许他将错就错，而是可以在他伤心难过的时候给予他心灵上最大的安慰。

有力量的父母，从来不是靠自己的威严把孩子的自信打压下去，而是可以在孩子受到挫折时，托起孩子的下巴，扳直孩子的脊梁，让他勇敢地去面对既定的事实，鼓励他吃一堑长一智，去扭转不利的局面。

04

我在某短视频播放平台上看到过一个"神童"，好像才学了两年钢琴吧，弹得行云流水。他妈妈每星期会发一小段他弹的曲子。与别人不同的是，人家发的曲子都很"完美"，但是他妈妈发的曲子里有时会有一些"瑕疵"。当他弹得尽兴，有一些要宝的时候，就会出错，出错后，妈妈有时喷出一句笑声，有时会把他出错那段加个特效，好好整蛊他一番。这位妈妈给我的感觉就是——不怕孩子犯错，她觉得犯错很正常，甚至很有趣。

这样的父母自然而然地会给孩子一种精神上的支持，让他们觉得成长的道路很安全。孩子也会相信无论自己遇到什么，做错了什么，父母都会默默地陪伴，不离不弃。他们敢犯错，也能在犯错的过程中迅速崛起。

责备没有任何意义，只会让孩子丧失自信，甚至在他们心里埋下怨恨的种子。最让孩子受伤的往往不是他们犯下的那个小错误，而是抓住他们的错误后咄咄逼人、不依不饶的父母。

每个孩子都曾有个燃烧的小宇宙，家长的指责却会让这个小宇宙慢慢冷却。你不明白为什么你对孩子严加管教，他却日渐颓废、自暴自弃……其实孩子犯错不可怕，可怕的是我们一直抓着他的错误不放。

现在的孩子压力太大，面对的功课也很多，犯错的概率也不低，希望我们能对他们多一些理解，少一些指责。当他做错时，耐心地纠正他，多给他一些微笑和鼓励，从来没有哪个孩子天生就是喜欢让父母失望的。

当我们不惊慌、不焦虑，能够从容面对孩子出现的各种问题时，孩子会感受到满满的正能量，迅速从忧伤里满血复活，就像安装上疯狂的小马达，比我们跑得还快，跑得还远。

你发脾气的时候，孩子在想什么

01

有一天在地铁上，一个抱孩子的妈妈坐在我邻座，孩子才 11 个月大，大眼睛忽闪忽闪的，睫毛长长的，格外有灵气。周围的人看到了，都开始挤眉弄眼地逗他，但是孩子对这些陌生人不感兴趣，他关注的是手里的那枚地铁票。他三番五次试探着把地铁票塞进嘴里，都被妈妈拦了下来，妈妈冲他摆摆手："不许吃，脏！"

孩子一脸诧异，显然不理解妈妈的意思，他继续寻找一切机会把票往嘴里塞，试了几次不行，他开始烦躁起来。周围热心的老奶奶看到孩子不愿意了，开始用各种挂绳、钥匙逗弄他，送到他手边，等他快抓到时又迅速抽离回来。一来二去，孩子更着急了，钥匙抓不着，地铁票也啃不到，他一生气，"啪"地把票扔到了地上。这下轮到妈妈着急了，趴在地上到处找票。好不容易找了回来，她回手就给了孩子一巴掌，嘴里的家乡话都飚了出来，具体是什么我也没听懂，大意就是你怎么这么皮，这么不听话之类的。

水灵灵的一个孩子瞬间哭得涕泗滂沱，眼神里全是不解。身边的奶奶还劝呢："好孩子，要听话，票没了，你和妈妈怎么下车呀！"

哈哈！就好像孩子能听懂似的。

不知道你们怎么看，反正我觉得那个孩子挺无辜的。地铁票在11个月的孩子眼里是什么？就是个玩具呀！放进嘴里尝尝怎么了，是什么错误吗？如果怕脏，不给孩子就好了，或者用其他玩具替代一下，用得着给他讲道理，花费力气百般阻挠吗？

这就是典型的"我是为你好"模式，即我打着为你好的旗号，强制干扰你的行为，你必须理解我的好意，并且感谢我。可惜现实是，孩子不但理解不了你的好意，还会很奇怪，妈妈为什么如此对我，还打我？妈妈真的是太不可理喻了！

也许11个月的孩子年纪小，不谙世事，但其实，面对父母的严厉打骂，大孩子的心理也是一样的。

我认识一个13岁的小男孩，胖嘟嘟的，笑起来有两个小酒窝，特别喜庆。有一次和他聊起天来，他无意中说到自己在家里总挨打，一星期挨三次打。我以为他是说笑话，可是他卷起袖子，胳膊上却赫然出现三条血道子，他说那是妈妈用指甲划伤的。爸爸也打他，他的屁股经常是肿的，在学校上课，坐都坐不下。

这么可爱的一个小孩，父母为什么总打他呢？他说自己成绩不好，又贪玩，手机被摔三四次了，他还是戒不掉。

你们看，这个情况是不是地铁上那一幕的升级版？先是家长给孩子买了手机，放任他玩游戏，然后又因为担心孩子成绩，限制孩子玩，事态控制不住，便动手打。最重要的是，孩子挨了这么多打，也没有任何改观，手机摔了买，买了摔，身上的皮肉，伤了好，好了伤，成绩也无一日提升。幸亏这小孩心理够强大，不然早抑郁了。

02

接触的家长多了，会发现他们打孩子的理由真是五花八门。

孩子把汤洒在桌子上了要打，孩子把鼻涕舔进嘴里了要打，孩子不愿意和别人分享玩具要打，孩子不打招呼不喊人要打……上次还听说一个老人教导年轻妈妈：孩子再尿裤子，你就打他！怪不得现在好多成年人都有心理问题，被这种动辄动手的老人带大，没有心理问题也难呢！

曾经有一个教授提出"不打不骂不罚是培养不出优秀孩子的"，这句话一度被一些家长奉为圣经。他认为，所谓的素质教育、快乐学习完全是误导人的口号，若是只鼓励、不训诫，孩子就无法无天了，说不定哪天就把父母杀了。

这不是明摆着说"人之初，性本恶"吗？

孩子若是不打，就会走弯路？孩子若是不打，就不把家长和老师放在眼里？那我们教育的可能不是孩子，而是奴才，只有奴才才需要用鞭子去警戒，只有奴隶制度才需要用暴力手段去捍卫。

如果你仔细观察那些仪表堂堂、举止端庄的孩子，会发现他们不仅衣着得体利落，整个气场也都是干净的。他们不会说脏话，不会举止粗鲁，甚至也不会有什么怪诞偏激的想法。

不仅他们这样，他们的父母也是这样。我清楚地记得有一次中学生活动，那个干净大气的班长让我猜哪个是他妈妈。百余人的家长群体黑压压一片，我怎么可能找到呢？可是没想到，我一眼就认出了他妈妈。别说那个小班长，连我自己都很惊讶。但是事后想一想，我完全是凭借一种感觉，那种自信的光芒在那位家长身上体现得很明显，让身形不高的她鹤立鸡群。而她的儿子，也如她一样自信得体，光芒四射。你会相信，这样优秀的孩子是在家长的打骂中成长起来的吗？

03

高端的父母从不打孩子。他们会给孩子营造一种爱的气场，提供温暖无私的能量，制造宽容有度的空间，给予孩子正面积极的引导。孩子在这样的父母面前，无须抵抗，无须叛逆，他们被滋养得生龙活虎，又怎会起了杀心呢？反之，越是无能的父母，越喜欢和孩子动手，自己生活得一身戾气，就把不满发泄在孩子身上，左右不了他们的行为，就施以暴力，明知不管用却偏要用之，说到底，哪是为了孩子好，还不就是逞一时之快吗？

打孩子如同家暴，有第一次就有第二次，从本质上来讲，都是以强凌弱，外强中干，哪个也没高级多少。面对家暴，夫妻可以离婚，而亲子关系却不能解除，是不是孩子比大人更痛苦些呢？

当然，我们都是新手父母，很多人也都是从小被打大的，不知道该怎样更合理、更积极、更正面地管教孩子。所以，我们不需要尽善尽美，只需要不断地向高端的父母靠近就好了。放下高举的巴掌，应该算是向高端的父母，迈出了一大步。

有些家长到了 40 岁才忽然意识到自己以前教育孩子的方法不对，对孩子或多或少造成了恶劣的影响，问我怎么弥补。

我想把那个 13 岁、经常挨打的小男孩的话转述给他们："我不想学习，我想赶紧毕业，找工作挣钱，我爸妈工作挣钱太辛苦了，我想替他们分担。"我当时就很感慨，这个孩子学习没有动力，是因为他想赶紧去工作挣钱，帮父母减轻压力。父母一周打他三次，打的都是孩子对父母浓浓的爱呀！

每一个孩子都在用生命爱着自己的父母。所以，想得到孩子的原谅，其实一点儿也不难。况且孩子永远都在等待父母的转变，任何时候都不晚。

所有的问题儿童，
都是来惩罚那些糟糕的父母的

01

一天晚上十点多，我本来已经困得不行了，睡下的时候却听到隔壁一阵惨烈的哭声，听不清是孩子还是女人，透着厚厚的墙壁，传了过来。

我爬起来，贴着墙壁听了听，只听见那个哭泣的声音，撕扯着嗓子尖叫着："妈妈！妈妈！"

确定了，是一个不满十岁的孩子，再精确一点儿，也就四五岁，可能是犯了什么错误，正在被妈妈教训。这种情况也常见，我不以为意，便睡下了。只是夜深人静，那哭声格外悲凄，让人不安。

我在床上辗转了很久，爬起来看看表，半个多小时过去了，那哭声还没停止。隔着墙壁，我听到那个孩子尖厉的哭泣和哀求，像是妈妈毁了他心爱的玩具，又像是撕毁了他刚刚做好的作业，总之，一种不可控的力量正在从那个严厉的女人身上迸发出来，孩子完全招架不住。

我不敢再听了，那孩子的哭声实在让人心疼，让人有一种想去敲敲门、劝劝架、抱抱孩子的冲动。那么小的孩子，究竟闯了什么滔天大祸，能被妈妈这样不依不饶地责罚呢？

那天晚上，孩子歇斯底里的哭声持续了一个多小时，直到十一点多才平息下来。我坐在床前，困意全无，心里翻滚起无限的悲凉和悸动。我在想，如果这个孩子长大后不成为问题儿童，恐怕只能算是这位妈妈的幸运吧。

02

我的后台每天有很多妈妈在问问题，问得最频繁的是一位单亲妈妈，我们暂且称之为梅子妈妈吧。她一上来就告诉我说，在孩子三岁的时候，她因为和先生感情不和离婚了。她把孩子带回娘家，和孩子外婆一起照顾。她对孩子的教育没有什么特别的方法，只有打。男孩子反正也皮实，不听话了就捆打两下，犯错误了就用尺子抽，最重的几次，孩子的胳膊都被抽肿了。

"我也知道这样不好，但是也没有什么别的方法教育他，他总是贪玩，不爱学习，三天两头就有老师告状。我该怎么办呢？"

我和她沟通了很多，重点就是请她不要打孩子了。她满口答应，但是过几天又来求助，说孩子出现了某某问题，逼不得已，她又动手了。最近的一次，孩子考了35分，她在群里被老师点名，颜面扫地。孩子回到家后，她抓过来就是一顿揍，拉扯中，把孩子的衣服都撕坏了。12岁的男孩子已经有了血性，被打得青一块紫一块，但就是一声都不哭，也不求饶。

梅子妈妈无望地问我："这孩子是不是连打都打不好了？"

03

从那些无望的家长嘴里，我们可以看到很多顽劣的孩子：上课捣乱、下课惹事、浑身痞气、满嘴脏话、成绩一塌糊涂。但是交流得深了，我们却发现，比孩子更糟糕的其实是他们的父母。

很久以前，我遇到过一位妈妈。她的女儿刚上初二，经常逃课，混酒吧夜店，在朋友圈做微商，事态已经相当棘手。但是追根溯源，孩子出现这种情况并非偶然。这个孩子因为是女孩，从生下来就被奶奶嫌弃，送到乡下的外婆家抚养。她的爸爸妈妈全力以赴生儿子，一年半载才想起来去看她一眼。后来儿子还没生，孩子的外婆却生了一场大病，他们这才考虑把女儿接回来。这时女儿已经上到了小学三年级。女儿到了新学校，完全不适应，三天两头闹别扭，气急败坏的父母唯一的解决方式就是打骂。

这位妈妈非常坦诚地对我说，她觉得这个孩子就是她生命里的扫把星，好几次动手，她都想一次性做个了断，把孩子掐死算了。

隔着屏幕，我尚且可以感觉到这位母亲深深的嫌弃和恨意，与她朝夕相处的孩子又怎能体察不到呢？父母如此嫌弃自己、恨自己，还有什么比这更让孩子绝望的吗？那么她再怎样自暴自弃，又有什么奇怪？连父母都不爱自己，她怎么可能自爱？她会做出什么乖张的举动来讨伐父母、报复父母，也便都在情理之中了。

没有哪个孩子天生就是问题孩子，他们最多是带有不同的脾气禀性、天分资质，在同一个环境下如百花齐放一样各具特色。但是随着年龄的增长，有的孩子却变得骄纵顽劣，让父母和老师头疼不已。其实实情是，在孩子变得顽劣之前，他已经经历了漫长的无助和无望，他的哭泣没有人接纳，他的愤怒没有人看见，他的恐慌没有人抚慰……

就像那个半夜哭泣的孩子，长达一个小时，他歇斯底里地叫着妈妈，却无法拦住一个疯狂愤怒的母亲。

有位读者曾经对我说，她小时候经常被爸爸用柳条抽，那些柳条都是爸爸让她自己选的，她不敢选细的，因为爸爸会更生气。她忘记了自己犯过什么错，只记得被打的时候，她常常吓得手脚冰凉，半夜都会从噩梦中醒来。初中时为了去学校寄宿，她以死相逼，说什么也要离开这个家。寄宿以后，她就和那些张狂而充满野性的女孩子混在一起，她还学会了抽烟，因为这样可以看起来更厉害，更不好惹。

后来她遇到一个男老师，老师告诉她：你是个很好的女孩，不应该这样下去，你有更好的路可以走。

从来没有人说她是个好女孩。她哭了一个晚上，然后决定试试。两年后，她考上了高中，彻底和那些抽烟的女孩划清了界限。回忆起往事，她说自己当年以为爱上了那个老师，后来才明白，自己需要的不是恋人，而是一位父亲。

可惜，不是每个女孩都像这位读者一样幸运，能遇到一个好老师，帮她扭转人生的方向。更多家庭的命运是，在孩子最脆弱的年纪，父母没有给孩子足够的关怀、包容和爱，孩子长大后，势必要用状况百出来回应父母的残忍。

04

所有的问题儿童都是来惩罚那些糟糕的父母的。

你以暴力来约束孩子的行为，他们便回应以更强的不羁和放纵。你以冷漠来应对孩子的需求，他们便回应以更深的冷漠和沉默。你在孩子身上偷工减料，他们便成为难以通过质检的豆腐渣工程，早晚毁于一旦。

孩子出现问题，有可能是家生病了。一个健全的家里很少出现不健全的孩子，一个充满爱的家里，孩子也鲜少冷漠残忍。

没有问题孩子，只有问题父母。如果你遇到了问题孩子，不要去咨询具体措施，请检查自己的育儿手段，检查家中爱的能量场。冰冻三尺非一日之寒，除了花费更多的力量去修复和改善亲子关系，将孩子的心焐热，育儿这条路也并没有更多的捷径可走。

和孩子斗狠，最多只能赢14年

01

表哥的邻居小辉把他爸爸打了。

起初爷俩儿不过是在谈话，不知怎么就吵了起来，动静越来越大。表哥听到小辉妈妈的叫喊声异于往常，觉得有点儿不对劲，就打开门探听下情况，正巧看到小辉从房间里冲了出来。房间里，小辉的爸爸坐在地上，身边倒着一把椅子。

小辉妈妈带着哭腔说："你这个孩子怎么这么混蛋，连你爸爸都敢打！"

小辉脸上一副视死如归的表情，头也不回地走了。他什么都没带，除了手上紧紧攥着的一部手机。

02

小辉一家和表哥做了很多年邻居。小辉的爸爸和表哥是发小，两个人从30岁开始一起做生意，关系好得像亲兄弟。表哥是看着小辉长大的，但是对他似乎并不熟悉，感觉就是一看到他，就感叹："呀！小家伙长高了！"过几年再看："呀，小家伙又长高了！"

生意人，你懂的，从来没有朝九晚五的规律作息，有时候回到家里，老婆孩子都睡了，第二天走的时候，老婆孩子还没有起。更别提常年在外谈生意的，常常是海棠开的时候离开家，回来的时候已经落雪了。别说是表哥，就是小辉亲爸，偶尔看到儿子也会默默感慨："不知不觉，孩子都上五年级了，时间真快！"

小辉的确长得挺快，13岁的时候已经长到了一米八几，身材魁梧，肉身结实。他爸捶他一拳，都会手臂发麻。有一次小辉被请家长，正好赶上辉爸回来，他就心血来潮"替"老婆去了学校，结果把老脸都丢尽了：上学迟到，上课睡觉，考试三科加起来不到40分，三天两头地打架，顶撞老师……他没想到这会是自己的儿子。

辉爸回家照例拿出他那把戒尺——一根祖传的、废旧铁床上的钢管，对着小辉的屁股一通猛打。但是他发现，13岁的小辉长得皮糙肉厚，他打了几下，手震得生疼。这孩子，打都打不动了。

想当年，那小屁孩身高不过到自己腋下，就是瞪瞪眼也能震慑他三分。当时小辉谁都不怕，就怕他爸爸，因为爸爸打起他来，真不像是亲生的！

小辉在公园里看到人家的爸爸把孩子扛在肩膀上，看到人家的爸爸陪孩子坐碰碰车，看到人家的爸爸和孩子细声细语地说话，在他的印象里，自己的爸爸从来没有这样。只有犯错的时候，爸爸才会出现，而且爸爸对他的惩罚，只有打。

小辉的爸爸说过，男孩子不打能行吗？

小辉小时候因为拿过邻居家孩子一块糖，被爸爸打过手心；因为有一次撒谎骗人，被爸爸扇过耳光；上学了，因为一次考试不及格，被爸爸一脚踹到了桌子底下，头上的疤现在还留着，比那年卷子上赤裸裸的50分还要长久深刻。小辉不敢和爸爸顶嘴，他甚至不敢和爸爸对视。爸爸回家的时候，他乖极了，安静得像一只乌龟，缩头缩脑的。

这么多年过去了，小辉的学习没有长进，唯一长进的是他的抗打能力。上初二的时候，他第一次和爸爸顶嘴："你不就是打我吗？打呗，我又不疼！"

小兔崽子胆肥了！

这么厚的肉，的确应该是不疼的。小辉爸爸想出了新的办法，让他跪在楼道里，即使是三九天，连件外套都不能穿，只一条单裤单褂，跪上一个小时再进来。小辉不敢大声哭，哭的话，邻居都会出来看。这点儿脸面，他还是要的。

这件事后来让老师知道了，老师把小辉妈妈请到学校，劝他们不要这样对待孩子，教育也是要讲究方式方法的。

小辉妈妈很激动，她说："老师你知道吗？他爸爸用钢管抽他都不管用，这个孩子我们就快要管不了了。这个畜生，以后是要进局子的呀！"

初三的时候，小辉开始抽烟了，又或许，是从初二开始的吧，谁知道呢？辉爸接到老师的通知后，用小号加他，翻了他的朋友圈，才知道他一直在做微商，用赚来的钱给自己的小女朋友买化妆品，给自己买烟。那小女朋友眼睛不大，但是化了妆就像变了个人一样，在短视频播放平台上发美妆小视频，光点赞就好几万。辉爸坐不住了，冲到学校，直接把小辉从教室里拎了出来，所有的同学都傻了——辉爸的劲儿可真大呀，小辉那么壮的一个胖子，他爸拎他就像拎只鸡一样。

回到家，辉爸把儿子按在椅子上。这次他不想打了，他想和儿子好好谈谈。也是在那个瞬间，辉爸忽然发现，自己的儿子和以前不一样了，他长出了喉结，长出了青春痘，额头上一块浅浅的疤，在硬硬的、钢丝一样的头发里，若隐若现。

儿子不正眼看他，被死死咬住的嘴唇，似乎下一刻就要渗出血来。辉爸倒抽了一口凉气：这小子不知道什么时候开始，骨子里带了股狠劲儿。

"说吧，你小子想干什么？"

小辉轻蔑地一笑，没有回答。

"你是不想上了是吧？"

"……对！"

"那你别上了！抽烟、泡妞，你和那些小流氓有什么区别？"

小辉冷笑一声，站起来想走，辉爸一把抄起椅子朝儿子砸过去，没想到却被儿子抢过椅子，反砸向了他。他有点儿蒙，坐在地上，迷迷糊糊听到辉妈和儿子的对话：

"你怎么能跟你爸动手呢！你是疯了吧？！"

"我为什么不能动手，凭什么就他能动手呢！"

03

是呀，我问表哥，凭什么就他能动手呢？就凭他是老子吗？

我不否认小辉挺可恨的，但是可恨之人，也有其可怜之处，单是听闻小辉三九天跪在楼道里那个段子，就足以让人咋舌——这是亲爸妈吗？这也太狠了！

可是听完网友们的讲述，我却发现，对孩子下狠手的父母不在少数：

"我小时候经常被父亲毒打，他能抓着我的头发把我从屋子里一直拖到家门口，用脚踢、用脚踩，用衣架子把我打得浑身流血。"

"我妈经常让我在家门口跪着，很多人都来围观，包括我的同学。我很怕上学，有很多次上学的路上，我路过一条小河，都想跳下去，一死了之。"

"我爸曾经用菜刀把我逼到墙角，那一幕我永远忘不了，如果当时我不跪地求饶，也许他真的会杀了我。"

原来世界上有那么多父母，喜欢和孩子斗狠。

父母和孩子斗狠，孩子注定是输家。孩子小的时候，胳膊腿都绵得像软糖似的，你要打他，简直易如反掌，你几乎可以用打解决一切问题。他不听话、他不老实、他犯错误、他顶嘴、他不按你的套路出牌，这个时候给他一巴掌，小家伙保证服服帖帖。随着年龄的增长，他的承受力会升级，父母的战斗力也要升级，这样才能降伏他。

可是总有一天，你有斗不过他的时候。孩子总有一天会长大，他会成为一个有思想、有力量的人。总有一天，你除了老子这个身份，再没有什么可以压倒他。到那时候，也许你会想和他坐下来好好谈谈，但是，他却不给你机会了……

04

很多父母误以为，所谓管教，就是以让孩子怕的方式逼他就范，却不知，任何一种带有逼迫性质的降伏，只能换来蓄势待发的反抗。但凡用理可以讲通的事，没必要动武，但凡用沟通可以解决的问题，没必要用暴力。

家长和孩子斗狠，孩子永远不知道自己哪里错了，他只会复制家长的模式：你狠，我比你还狠。

孩子 14 岁以前狠不过家长，14 岁以后，他却开始成熟，开始质变。如果孩子 14 岁以前没有和父母建立起良好的亲子关系，甚至亲子关系极其恶劣，14 岁以后，他多年积压的失望、苦闷和愤怒就会开始释放。和孩子斗狠的父母，最多可以赢 14 年，等孩子 15 岁的时候，如果他不拘泥于孝道，他就会反败为胜。

辉爸最近在筹备，把小辉送进"特殊学校"，他管教不了这个逆子，一定有地方可以管教。挨了儿子一椅子的可怜父亲最终也没能明白，父亲这个角色从来都不该只是一个打手。

孩子成长过程中，需要多少他臂弯里的温存，需要多少他摸摸头的鼓励，需要多少他坚定无声的支持，需要多少他全心全意的陪伴，需要多少他温柔的注视，需要多少他耐心的倾听……他通通都做不到了。小辉不会再等他了。

我也不知道小辉未来会怎样。一个童年里缺爱的孩子，未来会遇到很多麻烦。最大的麻烦，是他不懂得爱自己，也不再相信有人会爱他。

但愿他有朝一日会懂得，父母也有他们自己的局限，自己的误区，会犯下不自知的过错。但愿他有一天能遇到一些温暖的人，帮助他和童年里那个凶神恶煞般的父亲和解，过好自己的人生。

而我们，趁着孩子还小，千万要吸取辉爸的教训，学会和孩子沟通，不要和孩子斗狠。有时候，家长太狠，赢得了一时，孩子的一世，可就都输了。

第四章

一个精神领袖，胜过
一百个声嘶力竭的管教者

为什么孩子越来越不愿和你说话

01

总是有家长说："我的孩子越大越不听话了。我跟她说话，她装听不见；我说多了，她就嫌烦。小时候，孩子挺爱和我聊天的，现在怎么跟我无话可说呢？"

关于这一点，我完全不同情这些妈妈，倒是挺同情孩子的，为什么呢？我给你们举个例子吧。

那天，我们约朋友一家晚上一起去吃饭，朋友的孩子放学晚，自己到了餐厅，一见面就兴高采烈地跟他妈说："妈妈，我今天数学考试成绩和李天琪一样！"

朋友说："多少分哪？"

"85。"

"李天琪才考85哇？"

"……"

我觉得她儿子心挺大的，要是我，那顿饭保证不吃了，谁劝都不好使！

02

总有一些妈，和孩子说话，分分钟都能把天聊死。比如：

"妈，我能出去玩会儿吗？"

"你写完作业了吗？"

"写完了。"

"那把这套辅导题做了，妈新给你买的。你呀！得多做练习题，别老想着玩，你看老谁家那小谁，你啥时候见人家出去玩了？"

"妈，今天体育课李刚欺负我！"

"他怎么不欺负别人呢？你肯定又讨厌了！说吧，你又怎么惹人家了？"

"妈，你刚才让我做什么来着？我没听清。"

"我就说吧，大人讲的话你永远是左耳朵进右耳朵出，可想而知你上课的时候也是这么心不在焉，老师讲课你走神，脑子里都是些闲七杂八的，我都怀疑你没听课！难怪成绩怎么都上不去，你就不找找原因吗你！"

"妈，我肚子疼。"

"我早就跟你说过不要喝饮料，不要穿露脐装，不要露脚后跟，不要忘了穿秋裤！你就是不听！肚子疼活该！看你长不长记性！"

"妈，我有点儿累，心情不太好。"

"小小年纪别死气沉沉的，你看你每天多幸福哇，除了学习，什么事都没有，要吃有吃，要喝有喝，要钱有钱，能有什么累的？我辛辛苦苦供你吃穿，又要上班又要给你做饭，我喊累了吗？别身在福中不知福啦！"

"妈，我这次没考好……"

"呵呵，你哪次考好了？你考不好很正常吧？你考好了我才奇怪呢。"

"妈，我跟你说件事。"

"你这衣服怎么穿的？不能好好穿吗？"

"哦行，妈，我跟你说件事。"

"我发现你最近越来越没规矩了。"

"妈，你听我说，这事特别重要。"

"你先站直了再跟我说话！你看你驼着个背，弓着个腰，像什么样子？你看人家舞蹈演员的小腰板，一个个多挺拔，多有精神，再看看你，懒懒散散的……哎，你回来，我还没说完呢！"

这样的对话一点儿也不陌生吧？

它曾经发生在我们和妈妈之间，后来又发生在我们与孩子之间，如果说哪种尬聊一直在持续的话，应该就是母子之间的对话了。因为双方总是抱着一定的期望去沟通，最后却往往不欢而散。

孩子从最初的依赖妈妈，什么都想第一时间和妈妈分享，到后来发现聊天总是进行不下去，慢慢地，就发展成对妈妈又亲密，又陌生，感觉和妈妈中间隔了层玻璃墙，看得见，却摸不着。

为什么会出现这样的隔阂呢？其实是妈妈与孩子之间的供求关系出现了问题。孩子和妈妈聊天，他想要的无非是：理解、认同、关爱和分享。但是妈妈和孩子对话时，最想给出的就是评判、纠正、指导和教育。孩子只是单纯地想和妈妈分享一些事，分享一点儿感受，但是换来的却是妈妈不停地提要求、讲道理，满嘴都是行为守则、道德规范、纲领文件……

03

论坛上有个朋友分享过自己儿时的经历：

"小时候我想学小提琴，爸妈说，就你这三分钟热度，想一出是一出，学了也是糟蹋钱。高一的时候我自学画画，爸妈说，成天不务正业，现在你的任务是高考，考上大学你爱怎么画怎么画。别人夸我成绩好，爸妈说，他这是凑巧，瞎猫逮着死耗子，下次考试就不行了。我大学的时候绘画拿了奖，给家里打电话，爸妈说，有时间多看看书，考考证，别等到毕业了找不到工作，我们可不养你。从小到大，父母从没鼓励过我，对我永远都是贬损和批判，我只是想跟他们分享喜悦的心情，他们却不放过任何一次指导我、教育我的机会！"

这就是一个孩子的心声。孩子的心始终是向父母敞开的，他们始终在等待着父母突然有一天能理解他们，有一天能坐下来好好听他们说话，但是一次也没有。高贵的父母从来不觉得自己在孩子面前能有什么错，却不知孩子想要的，你从没有给到，你给的，孩子也无法接受，这样的供求关系，不出现裂痕才怪呢！

04

亲子沟通特别重要，它将直接决定随着孩子渐渐长大，他的心会不会逐渐远离你，会直接决定你说出的话对孩子还起不起作用。可以说，谁掌握了亲子沟通的技巧，谁就掌握了教育大权。

那么，咱们做父母的，应该如何避免尬聊，如何把和孩子之间的聊天进行下去呢？需要做到这四点：

第一，放下你的身份感。

和孩子交流时，可以暂且放下父母的身份，不要总是一副居高临下、随时准备说教的姿态。父母有教育子女的责任没错，但不代表孩子的每个想法都需要纠正，每个行为都需要监控，我们也不需要万事都对他们耳提面命。

放下身份感，你才能站在他们的角度看问题，才能真正做到尊重孩子的想法，不评判，不纠正，不引导，这样，孩子才肯向你打开心门。

第二，信任孩子。

孩子在成长过程中会遇到很多挫折，但是有些路是他们的必经之路，有些错误他们一定要犯，有些经验他们一定要自己获得。作为经验丰富的成人，我们肯定可以预判很多错误，并在孩子犯错之前耐心地提醒，但是孩子还会出现这样那样的问题，这个时候，我们千万不能摆出一副"你看，我说什么来着！"的姿态，而是要相信孩子自己能够在不断的试误中获得经验，增长力量，趋利避害，自我管理。很多时候，你真的只需要给他们一个微笑就好。

第三，把孩子当朋友。

这一条最简单了，因为我们都有朋友，朋友给我们打电话，跟我们诉苦、分享、讲段子，你是怎么回应他的呢？你怎么回应你的朋友就怎么回应你的孩子吧。孩子天生就把父母当成最亲近的人，把孩子当朋友，你们一定会亲上加亲的。

第四，承认孩子是个独立的个体。

孩子是我们身上掉下来的肉没错，但是他们却没有复制我们的灵魂。他们有自己的天性，自己的价值观，自己的行为模式，如果我们一定要他们按照我们预设的套路走，就会发现孩子处处都不尽如人意。

孩子的成长过程是一个不断提高自我意识，寻求独立的过程，他们一边想要继续和父母维持情感上的连接，一边要完成和原生家庭的分离。而且独立是大趋势，如果与父母的连接阻碍了他们拥有独立意识，他们就只好忍痛割爱，放弃和父母的连接，这就是他们宁可和父母分裂也要坚持自己意愿的原因。如果想和孩子维持情感上的联系，就必须尊重他们是个独立个体这样的事实，对于他们的任何想法，学会用这样的态度回应："哦，原来你是这样想的。""这孩子跟我小时候一点儿也不一样。""遇到这样的事，他想怎么处理呢？"

接纳为主，引导为辅，孩子一定不会太差，而且你也许会发现你的孩子其实比你厉害多了。

好好把握每一次孩子和你聊天的机会吧，它将决定下一次，孩子会不会主动找你说话。

唤醒孩子的内驱力，是高效沟通的秘诀

01

我曾在地铁里遇到一个妈妈，她带着两个孩子，老大6岁左右，活泼好动，老二2岁左右，以吃见长。这一路上，坐不住的老大左顾右盼，总想找个机会起身溜达溜达，老二则一门心思翻腾妈妈的包，不停地往自己嘴里塞好吃的。

这位妈妈也不闲着，一边呵斥着老大，让他老实会儿，一边教训着老二，让他嘴闲会儿。我都怀疑这妈妈是播音与主持专业毕业的，不然语速怎么那么快呢？刚开始，我还仔细研究妈妈的咬字、语调和措辞，但是三站地过后就有点儿听烦了，因为她对两个孩子的管教过于喋喋不休，而且毫无效果——老大照例在座位上上蹿下跳，老二照例在翻腾妈妈的包，显然已经把妈妈的管教当成背景音乐，入耳不入心了。

其实我挺同情这位妈妈的，照这个节奏带两个孩子，一天下来不累得半死才怪。不说别的，单是这样滔滔不绝地说话，就太耗气了，难免头晕乏力。

带孩子话多，这一点，每个妈妈都深有体会。

小孩子不懂脏净，当妈的随时要提醒他们注意卫生："哎呀，不要吃手，太脏啦！""不要碰马桶，脏死了，听没听到？"

小孩子不辨危险，当妈的随时要提醒他们注意安全："过马路注意看车，拉着我的手！快拉着我的手！""别跑了，站住！等一下坏人把你抓走！"

小孩子不懂规矩，当妈的随时要教导他们讲文明，懂礼貌："快喊张爷爷。""快喊李奶奶。""快喊孙阿姨。""快喊王叔叔。"

小孩子随心所欲，当妈的随时要培养他们的好习惯："进门先换鞋，进门先洗手，进门先换衣服，进门先洗澡！""快去把玩具收拾起来，把书放整齐，把垃圾扔掉！快去！"

在孩子身边，妈妈永远滔滔不绝，总是在指手画脚。可是，你可知道？所有勤快的妈妈中，嘴勤是最受累不讨好的一类。

曾经有一个小学生在作文中写道：

"在我的印象里，每天早晨当爸爸准备送我上学的时候，妈妈总会说：'吃饱了吗？作业都带齐了吗？上课要回答问题，不要做小动作，不要走神，要听老师的话，不要和同学闹矛盾。下课多预习预习，要不就复习复习，可别到处乱跑。不会的问题多问问老师和同学。我说话你听见了没有哇？'当我下楼时，妈妈又会对我说：'路上多想想今天要学的东西，别想那些游戏、小说、电视节目！只有假期才能玩，上学就要好好上学呀！'每当这时，我都会无数次地用'知道了！'三个字回复她。虽然我知道妈妈唠叨都是为了我好，但是这些话每天重复好多次，真的有意义吗？谁听了都会烦死了！"

嘴巴勤快的妈妈真的是让孩子又爱又恨的一类妈妈，孩子虽然能在理性上努力说服自己接受妈妈的"好意"，但是在感官上已经产生了无尽的抵触。慢慢地，他们不但会对妈妈的教导置若罔闻，甚至会因为抵触而产生叛逆。所以，如果把妈妈分为几个档次，嘴勤快的妈妈只能算三流妈妈哦！

02

二流妈妈会怎样呢？二流妈妈话很少，但是手脚勤快。她们比较"聪明"，知道对孩子喋喋不休不但效果不大，而且劳心伤气，所以她们根本不和孩子唠叨，干脆自己来——孩子不收拾东西，我来替他收拾；孩子洗澡磨磨蹭蹭，我来给他洗；孩子起床不叠被子，我来帮他叠！

我大学时的室友小郑，每周要打包一大堆衣服回家，让妈妈帮她洗。她不是偷懒，而是她要两个多小时才能洗完的衣服，她妈妈只用半个小时就能搞定。她妈妈做事手脚麻利我是见识过的。刚上大学，大家都在宿舍里手忙脚乱地铺床、擦柜子，小郑妈妈爬到上铺，三下五除二就把小郑的床铺好了，书本、日用品摆放得整整齐齐。我们还在热火朝天地整理东西，小郑已经和妈妈一起牵着手去喝下午茶了。

不能不说，有这样一个妈妈，当时的我们是羡慕的。只不过妈妈太勤快的弊端，慢慢就显现了出来。小郑和我们在一起的时候，活脱脱一个巨婴，穿衣服需要我们帮着整理，去自习室需要我们帮着拎包，晚上洗漱总是拜托我们给她打水。刚开始，大家出于室友关系，不会计较很多，但时间长了，难免都叫苦不迭。毕竟室友不是你妈，为啥要像妈一样 360 度无死角地伺候你？

手脚太勤快的妈妈，也许表面上会把孩子照顾得很周到、很精致，但是她们也会不经意间给孩子过多的包办代替，让孩子的能力无从增长。孩子也许在学业上可以出类拔萃，但是在生活上却可能永远停留在一个没发育健全的婴儿状态。

03

嘴太勤快招孩子烦，手太勤快让孩子懒，那不管不顾的妈妈反而厉害了吗？当然不是。如果一个妈妈嘴也不勤，手也不勤，还可以把孩子培养得很好的话，那她一定很爱动脑筋。

举一个小例子吧。我 17 岁那年，有一次举家出去旅游，玩了一天大家都累惨了。离酒店还有 1 千米左右时，表姐抱着两岁多的小外甥，实在是走不动了，就把他放到地上让他自己走。小外甥哪里同意，又是哭，又是闹，拽着表姐的衣服往她身上爬，而且除了妈妈，他谁都不找。当时表姐也有点儿崩溃了，眼看着就要上手打，这时候，姐夫不知从哪里翻出来一枚瓶盖，扔在地上，往远处一踢，说："橙橙，你看那是什么东西？"

小外甥好奇，跑过去看，刚要拿到手，瓶盖又被姐夫一脚踢远了。他就这样不停地追，姐夫不停地踢，两个人玩得不亦乐乎，不知不觉就走到酒店了。

这件事至今让我印象很深，原来管教孩子根本不需要太过较劲，只要抓住孩子的特点，巧妙地加以引导，就可以有事半功倍的奇效。

还记得月宝四岁的时候不喜欢弹琴，我给她讲道理，哄她开心，强迫她执行，可谓软硬兼施，但是无济于事，最后搞得月宝不情不愿，我也很痛苦。

有一次，黔驴技穷的我无意中拿起两个娃娃对起话来。

"听说月宝姐姐弹琴可好听了。"

"是吗？这么难的曲子她也能弹吗？"

"当然了！"

"别吹牛了，我才不信呢！"

这时候月宝走了过来，一把掀开钢琴盖，认认真真地弹了起来，弹好后还得意扬扬地看了看那两个娃娃。

原来月宝吃这套！枉我以前费了那么多心力，磨破了嘴皮子都不能让她好好练琴，没想到一个角色扮演就轻松搞定了。但是说实话，这招不会屡试不爽，随着孩子渐渐长大，心智越来越成熟，性情发生变化，她也会慢慢走出我们的套路。这就需要我们常常变换方法，和孩子斗智斗勇。

和孩子斗法，最重要的一点就是要唤醒他们的内驱力。

什么是内驱力？内驱力是大脑中的一种内部唤醒状态或紧张状态，是推动有机体活动来满足某种需要的内部动机。

心理学家布鲁纳曾说，外在动机的作用是短暂的，只有内在动机能起长效作用。

孩子的内驱力一旦被唤醒，他的能量将是巨大而势不可挡的。我们根本不需要喋喋不休地催促孩子，他会主动并投入地去做他想做的事。我们也根本不需要手把手地教导孩子，他会努力研究方式方法，以达成自己心中的目标。

如果你确定一件事对孩子的人生是有意义，有价值的，最重要的管教方式就是让自己的要求和孩子的内驱力吻合。要想唤醒孩子的内驱力，需要抓住孩子内在的心理动机。好奇心、胜任感、互助欲就是孩子的三种基本内在动机。

正如前文中的例子，我的姐夫没有逼迫孩子走路，而是利用孩子的好奇心，诱导孩子自己走到了酒店。我教月宝弹钢琴，是利用了她的胜任感来促使她自发地练琴。

如果孩子某一科成绩不好，或厌学，你可以装作不懂的样子，让孩子给你讲题，或者让他教弟弟妹妹学习。当他觉得自己被需要的时候，就会激发出自身最大的潜能，主动想办法搞定以前他搞不定的事情。这便是激发了孩子的互助欲。

只要唤醒了孩子这三种基本内在动机，我们大可不必身心交瘁、苦口婆心，我们完全可以袖手旁观，坐享其成。但是做这样的妈妈确实烧脑，因为唤醒孩子的内驱力必须做到对自己的孩子足够了解，必须不停地运用智慧，时不时地改变策略，来调动孩子的主动性。

世界上没有适合所有孩子的"教育圣经"。育儿这条路，再苦再难，也需要我们自己和孩子摸爬滚打着走完。但是无论多难，我愿意向着一流妈妈的方向努力，因为一个用脑用心养育孩子的妈妈才能找到最适合孩子成长的方向，才能营造最适合孩子成长的环境。

三流妈妈动嘴，二流妈妈动手，一流妈妈动脑筋，你会怎样选择？

情商高的父母，不跟孩子"讲道理"

01

一天我和月宝晚归，走到小区里的时候，听到远处传来一个孩子的哭声。那哭声可以用惨烈二字来形容。离哭声越来越近，月宝不由自主地攥紧了我的手。终于，我们看清了些人形，只见林间小路上有一男一女，拉着一个童车，那哭声就是从童车里发出来的。那一男一女不知在童车前忙活着什么，车里的孩子止不住地又哭又喊。月宝猜出我心思般地摇摇我的手："这个小孩是不是被坏人抱走了？"

我们俩一步三回头地张望了一会儿，直到那名女子把孩子抱起来，对孩子说："你这样做对吗？"我终于放下心来，拉着月宝赶快回家，磨蹭了这一会儿，腿上被蚊子咬了好多大包。

月宝到家后还在担心："那小孩是不是找不到妈妈了？"

"不是，抱着她的就是她妈妈。"我说。

"你怎么知道呢？"

哈哈，这个答案就很讽刺了。若是坏人，只会关心孩子哭不哭，不哭了就万事大吉，但是妈妈却不在乎孩子哭不哭，她只会在乎孩子对不对。

02

孩子小时候，大部分妈妈都是感性的，满脑子都是孩子哭了笑了，只要孩子闹情绪，恨不得把星星摘下来捧给孩子。随着孩子渐渐成熟，妈妈开始越来越理性，喜欢给孩子制定规则，喜欢帮孩子安排生活，喜欢评判孩子的对错。

孩子不小心把桌子上的水杯碰洒了，我们会说："又犯错了吧？你怎么能在这里玩呢！"

孩子不想把自己的玩具分享给别的小朋友，我们会说："这样不对，爱分享的孩子才是好孩子。"

孩子因为没得到某样东西哭闹撒泼，我们也会冷冷地问他："你这样做对吗？"

很多孩子有这样的感受：昔日对自己温暖慈爱的妈妈，慢慢地变成了一个严肃冷酷的教育者。13 岁的初中女孩小 C 在微博中留言说："我不想长大，我年龄越大，妈妈对我要求越严格，她已经不是我记忆中温柔爱笑的妈妈了。"

妈妈是什么时候开始转变的呢？大概就是从评判孩子对错时开始的吧。

婴儿时期的孩子大声哭泣，我们会知道他饿了或困了，及时给他提供帮助；但是孩子长大了再哭泣，我们的第一反应是他太任性。

孩子刚开始接触陌生人群，受了委屈，我们会抚摩他的头，低声安慰；但是孩子长大了，交际受挫，我们通常会指出他哪里做得不好，才落得如此下场。

孩子学走路的时候，我们又是微笑又是鼓励，张开双臂随时准备拥抱他；但是孩子长大后学的东西更多更难，我们却鲜少给予鼓励，他成绩出了问题，我们只会指责他不刻苦，不努力。

很多父母都以为，孩子长大了，可以成熟理智地面对一些事了，但其实，人无论长到多大，情感上的诉求都是最重要的。有时候亲子关系受阻，是因为我们在应该处理感受的时候，去处理了具体的事情。

03

月宝上小学后，每天需要很早起床，刚开始的几天，可能是借着上学的新鲜劲儿，起床、吃早餐都很配合，但是新鲜劲儿过了，她每天都要对着满桌子的早餐挑三拣四。为了节省时间，我总是需要连哄带骗，想方设法地把东西塞进她嘴里。当然我也有很不耐烦的时候，她说不想吃某样东西，我便怒气冲冲地问她："这不是昨天晚上你说要吃的吗？"这时候我的潜台词还有：老娘一大早辛辛苦苦给你做早餐，又洗又切又蒸又煮搞了这么多样，你还不好好吃，你怎么这么不懂事，不懂得体谅人？！可我冷静下来想一想，孩子哪里是挑三拣四，她不过是没睡醒，情绪不佳而已呀。所以在那之后，每天早晨我都会按她要求的那样，在叫她起床以后，抱一会儿她，大概抱五分钟，在忙碌不堪的早晨，这五分钟已经很奢侈了，但是我坚持抱她。在这五分钟里，她的困意会渐渐褪去，情绪会渐渐缓解，然后她就会很配合地穿衣服下床、洗漱、吃早餐，一边大口吃饭，一边还跟我聊点儿学校里有的没的。这五分钟的顺从和接纳会换来之后的平静舒展，比烦躁不堪、你争我喊的拉锯战更省时间。

任何事情中，处理情绪都比处理具体的事情更重要。

月宝小时候，有一次，很多小孩一起玩球，其中有一个俄罗斯的小女孩。几个孩子追着球跑，慢慢有了抢夺之势。一个男孩脚力大，本想踢球，结果一脚踹在了那个俄罗斯女孩的腿上。大家都傻了，这可是国际友人哪！伤了人家我们连句俄语版的"对不起"都不会说。男孩的妈妈不停地对女孩说"Sorry！Sorry！"俄罗斯妈妈只是微笑回应，她温柔地把女孩抱在腿上，低声用俄语说了几句话，然后就久久地抱着那个大哭的女孩，直到那个女孩哭声渐小，自己从妈妈包里掏出纸巾，擦干眼泪，又高高兴兴地和小朋友们玩起来了。虽然我听不懂俄语，但是从表情和语气上就可以判断出来，这位俄罗斯妈妈没有给孩子分析评判事情的来龙去脉，只是处理了孩子的情绪。

事实证明，当我们处理好了孩子的情绪，孩子自己就会去妥善地处理事情。

04

好的父母，不讲理。

无论孩子做了什么，说了什么，背后都有着根源性的情绪，如果我们只把关注点放在孩子的具体行为上，就容易忽略他心里隐藏的情绪。一旦孩子的情绪受到了压抑，没有表达出来，那么即使具体的事情暂时得到了解决，孩子在以后的生活里依然会状况百出。

孩子小时候可能的确不太会表达情绪，除了哭泣、吵闹、大发脾气，他们别无他法。如果他们这种不恰当的情绪发泄方式被父母接纳了，他们的情绪被父母看到了，随着年龄的增长，他们便能学会用语言准确地表达情绪，比如：

"我刚才很生气！""我有点儿害怕。""我不喜欢被催促的感觉。"……

反之，如果他们的情绪在小的时候被压抑了，被父母用评判对错的方式纠正了，他们就会觉得自己有情绪是不对的，他们没学会表达，他们不再表达。可是不被表达的情绪不会消失，只会深深地埋在自己的潜意识里，它们会催生一些负面的念头，慢慢导致孩子形成消极的人格，形成逃避、克制或讨好的行为模式。

道理讲得越多，孩子离你越远。因为在孩子看来，你只关心他做得对不对，却不关心他为什么这样做。

好的父母不讲"理"，只讲爱。

孩子不小心把水杯碰洒了，我们对他微笑一下，默默地把水擦干净，他自己也会意识到给妈妈添麻烦了，下次注意。孩子考试考砸了，小心翼翼地把卷子拿给家长签字，我们如果看到他内心的忐忑，不去过度地批评和指责，他自己也会意识到要发奋努力，不让家长失望。

孩子就是一颗小小的种子，我们用爱来浇灌，来培育，他便浑身都充满爱的能量。心里有爱的孩子，能差到哪里去呢？

一个精神领袖，
胜过一百个声嘶力竭的管教者

01

表姐有一阵子心情大好，总请我吃饭。这次辣子鸡，下次水煮鱼，改天麻辣小龙虾，吃得我肚子像是一座活火山，随时准备喷发。我问她最近怎么这么高兴，她莞尔一笑，说："嗨，想开了，人生得意须尽欢，花开堪折直须折嘛！"

有什么可得意的呢？我太了解她了！表姐是孩奴一枚，自从孩子呱呱坠地，她一颗心就吊在孩子身上，现在她得意，肯定不是她自己中了什么彩头，而是孩子有了什么突出表现。

果不其然，我一问才知，表姐的儿子小梁不仅这学期当上了班长，前不久还在开学典礼上作为学生代表发了言。表姐一提起这些，嘴角都咧到后脑勺去了。她说："我从来没敢想过，我儿子居然可以这么出色。"

我也没想到。

小梁小时候是个什么样的孩子呢？表姐以前特别喜欢养花，但是自从有了小梁，她家就从花团锦簇变成了极简风格，因为所有的花都逃不开小梁的魔掌。姐夫喜欢看书，但是自从有了小梁，他的书就全都"束之高阁"，因为一个不留神，就会被小梁蹬着凳子够下来，画个稀巴烂。我去表姐家玩，不管什么季节，总见到小梁跑得满头大汗，头发湿漉漉地立在脑袋上。能量这么足的一个男孩子，让人看着都觉得身心俱疲。

上学后的小梁依旧不让大人省心，三天两头因为纪律问题被请家长，表姐管也管了，骂也骂了，姐夫还动过几次手，可是过不了几日，小梁又会回归一副泼猴的状态。

事情是什么时候发生逆转的呢？在小梁上初二那年，学校给他们换了一个新班主任。那是个毕业不久的大学生，喜欢穿干净的白衬衫，戴黑框眼镜，说话柔声细语，不急不躁。小梁很喜欢，说这老师在班会课上给他们唱歌，中午带他们打篮球，还自己掏钱给大家买冰棍。对此，表姐并不看好，她觉得这些都不是正经事，不过是一个初入社会的大学生童心未泯，把自己手下的学生当成自己的玩伴儿、哥们儿。但是小梁的表现却慢慢发生了变化。有一天，他突然主动提出来要去外边报课学英文，因为那个班主任老师用双语讲物理，帅得一塌糊涂；又有一天，他突然在饭桌上说自己以后不玩手机了，太耽误时间，不如好好学点儿东西；再后来有一天，他放学推门进来，第一句话是："我当班长了！"全家都震惊了。

表姐第一次和这位班主任通电话，两只眼睛从头红到尾，这么多年来，老师第一次没有批评她的孩子，而是告诉她："小梁很有潜力，悟性极高，学习上很有天分，如果能严格要求自己，进市重点高中指日可待。"

表姐说，这个老师把孩子的小宇宙一下子点燃了，小梁遇到这么一个好老师，是上辈子修来的福分。

小梁的身体里有个光芒四射的小宇宙，我们以前怎么没有发现呢？在众人眼里，他不守规矩、离经叛道、屡教不改、桀骜不驯，眼看着就要在14岁叛逆期变成一个混子，却没想到在这关键时期，他在人生的航道上掉转船头，转危为安。

试想一下，如果还按照以前的管教方式，老师控诉指责，家长耳提面命，家长和老师联手打压，这个孩子还能像现在这样站在全校师生的面前，自信地发声吗？

02

我们都希望自己成为优秀的管教者，能给孩子立规矩，能在孩子面前立威。但是，优秀的管教者从来都不是一副惹不起的坚硬模样，而是面容亲和、内在柔软。柔软但并不柔弱，给人感觉好说话，又不会显得怂且卑微，这样的管教者，在孩子面前，基本已经无敌了。

毕业很多年了，每年教师节，我总不忘问候初中时的一位班主任，她大我10岁，是我少年时期偶像一般的存在。那时我才13岁，清楚地记得自己因为看到她是班主任而窃喜，盼着上她的课，等着见她的人，喜欢听她在讲台上出口成章、侃侃而谈，也喜欢看她将娟秀的字迹写满一黑板。我私下里模仿她的字，读她推荐的书，心里想着长大后成为像她一样的人。

她从不声嘶力竭，我们却喜欢听她说话；她从不硬性要求，我们却严于律己，每个人都想成为她眼里最好的那个孩子。直到今天，在极其困惑之时，我还会和她聊一聊，在人生的十字路口，听听她的建议。

人不管长到多大，内心都需要一个精神领袖，他能"看到"你，理解你，接纳你，安慰你，又能给你以明确的指引，让你元气满满地上路，胸有成竹地前进。让你感觉有他在，心里踏实。这样的精神领袖，在孩子年幼的时候出现，将是孩子一生的幸运。

03

对大人来说，孩子是弱势群体，再顽劣的孩子，也难逃家长和老师的管束。大人吼一吼，抬一抬巴掌，对孩子百分之百有威慑力。就算不施暴，单是嘴上连绵不绝的负面评价，也能让孩子无法招架。

如果你够狠，或许管孩子并不是一件难事。可孩子也不傻，表面上是听话了，内心却不服，嘴上应允，眼角眉梢却带着不屑。聪慧如他们，总能看穿你无能为力又气急败坏的本质。

真正的教育哪里是这个样子？

德国著名哲学家雅斯贝斯曾说："真正的教育，是一棵树撼动另一棵树，一片云推动另一片云，一个灵魂唤醒另一个灵魂。"孩子不需要被管教，只需要被唤醒，再厉害的管束者都不能唤醒孩子，但是他们的精神领袖却可以。

就拿我的外甥小梁来说，他何其聪慧敏锐，活泼灵动，但是从小到大他总是问题不断，错就错在，每个人都试图打压他的能量，却不敢去尝试也不知道如何给他正向的引导，助他释放。而他的年轻班主任，初出茅庐，带着年轻人特有的不羁和豪放，顶着名校硕士的光环，不停地让自己发光，又敢于给孩子们机会，自然能唤起孩子一身热血。能让孩子喜欢的老师，多么可贵，因为他们通常能成为孩子的精神领袖。

精神领袖是孩子的榜样，是孩子的偶像，更是他们的朋友。他们鲜少告诉孩子具体应该怎么去做，只是唤醒了孩子内在的潜能，唤醒了孩子原生的动力，让他们自发地成为更好的自己，一切具象的问题也便迎刃而解。

差劲的教育者，向下压；优秀的教育者，往上推。而那些自带光环的精神领袖，会站在更高的地方引领孩子，让孩子带着崇拜的眼光，去追逐他的脚步。

04

如果孩子没有那么幸运，在学校里遇到他的精神领袖，就让我们自己变成他的精神领袖吧。作为孩子最亲近的人，我们有大把的机会将自己的能量浸润进孩子的体内，给他们滋养，助他们发光。

我们只需要问问自己："我有这样的自信吗？"

表姐说："你知道吗？当你的孩子不如别人的时候，你满心都是焦虑，恨不得不停地敲打他，让他上道儿；但是当他有一天成绩斐然了，你心里竟然会有隐隐约约的自卑，害怕成为不够好的母亲，害怕被孩子看不起。所以我现在就热血沸腾，总想着去学点儿东西，充实一下自己，甚至能成为某一领域里的精英，到时候，我儿子能指着我的照片说：'看见没，这是我妈，厉害吧？'"

　　我看着斗志满满的表姐，又看看麻辣烤鱼里剩下的满盘子辣椒，哈哈笑起来——能吃这么多辣椒，的确很厉害！

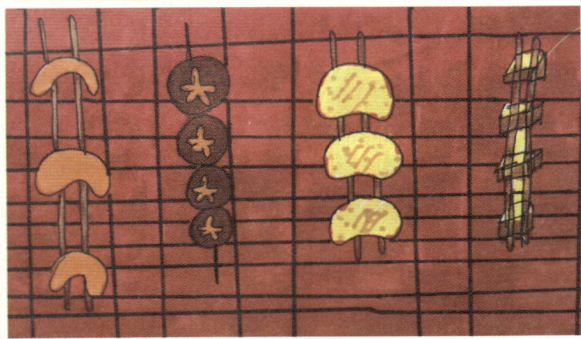

你的言谈里，藏着孩子未来的样子

01

过年时家族聚会，10 岁左右的小孩子一人抱着一个手机，玩得不亦乐乎，只有堂哥的孩子乐乐跟着爸爸拿酒拿饮料，跑上跑下忙得不可开交。大家都夸乐乐这孩子真懂事，知道帮大人干活儿。堂哥对大家挤挤眼睛道："这都是培养出来的。"

怎么培养的呢？大家赶紧正襟危坐，洗耳恭听。

"以前我带他去参加聚会，他也是在边上玩手机。有一次我说去买饮料，他突然放下了手机要和我一起去。我特别高兴，就表扬他说：'你看人家孩子都玩手机，只有你懂事，知道和爸爸一起去买饮料。'其实我何尝不知道，他和我一起去是为了给自己挑瓶喜欢喝的饮料。但是孩子听到了我的夸奖，真的就'懂事'起来，买完饮料还和我一起摆椅子，照顾宾客，俨然是个大孩子了。从那以后，只要是一起出去吃饭，很少看到他坐在一边事不关己地打游戏，通常都会跟在我身后忙活大事小事。"

我不禁感叹，这孩子呀，的确是怎么引导怎么走。有时候，表扬比批评更有效。

02

有一段时间，我特别受不了月爸。那时月宝刚上幼儿园大班，开始有一些要写的拼音作业。他接了孩子回来，逢人便讲："我家月宝就这点好，什么时候写完作业什么时候下楼玩，我们俩从来不用在写作业这事儿上跟她着急。"

我在旁边直流冷汗："咱能实话实说不？要不是你强行拖她回家，她能先写作业吗？"

奇怪的是，在月爸言过其实的表扬下，月宝越来越自觉了，有时在幼儿园就完成了作业，有时先主动回家写作业，写完再下楼玩，真的完全不用我们督促了。有时候放学，路过玩耍中的孩子们，我也能从月宝的眼神里看到她的蠢蠢欲动，但是月爸的夸赞仿佛有魔力一般，驱使着她先"噔噔噔"地跑上楼去写作业，写完才一阵风似的"飞"下去玩。

我从月爸的做法中吸取了经验，也照着他的样子来引导月宝，发现这招特别好用。比如：

月宝的书桌乱了，我就对她说："那天我去昕昕家，看她的书桌特别乱，我估计她从来都不收拾书桌，哪像我的月宝，从小就自己收拾桌子，东西放得整整齐齐。"然后我就该干什么干什么，等过一会儿反身再看的时候，她已经把书桌收拾完了。

月宝晚上不睡觉，抱着书看起来没完，我就说："那天张阿姨

问我，你晚上几点睡觉，我说，她一般晚上自己只读两三个故事，读完了，就自己关灯睡觉，从来不用我催。"然后我就躺在旁边闭目养神，也不理她。她一会儿就把书递给我，轻声说："妈妈，关灯吧！"

写作业也是一样。打开作业本，我直接惊呼："哇，这对你来说也太简单了呀，这些你肯定都能写对呀。"然后就等着吧，她写得可认真了，因为她必须都写对呀！

总之，你希望孩子怎么样，就按理想的样子去描述他，暗示他，希望他怎么做，描述得越具体越好。

03

可惜，现在很多父母都是反其道而行之，越希望孩子怎么样，越往反的方面说他。

"我家孩子写作业太费劲了，半个小时的作业，他能磨蹭三个小时。"

"我家孩子太不听话了！你越说东，他越往西。"

"我家孩子窝里横，在家跟我大喊大叫的，在外面都不敢吭声了。"

父母越这样说，孩子越和父母描述的一样，而且情况会愈演愈烈。

你的言谈里，通常藏着孩子未来的样子。因为父母是孩子最重要的催眠师，我们每天在孩子耳边滔滔不绝的描述和评判，其实是对孩子最重要的暗示。孩子不自觉地从父母的言谈里得到信息，并不自觉地按照父母描述中的样子去做，这是孩子潜意识里对父母的一种认可和归顺。

孩子会按照父母的描述去做，同时他们也会带有情绪。如果这是一个父母为之骄傲的，利于自身成长的行为，孩子在做的同时，也会感觉到光荣和快乐。如果这是一个父母为之失望愤慨的，不利于自身成长的行为，孩子在做的同时，也会沮丧挫败。这就是为什么那些生活在父母批判中的孩子，明知道自己不想被批评，被责骂，还是会不知不觉地成为父母口中那不堪的样子。他们同样接受不了自己，但却无从改变，因为父母就是这样描述他们的，他们很难走出父母的评判。

我们都希望孩子优秀，却总是嗔怪他们这也不好，那也不对。其实，孩子身上的优点远远多过他们的缺点，只是我们通常会聚焦在孩子的不足上，把那些缺点放大，殊不知，你越是用一些负面语言去评价他，越会助长他去重复那些不利于他成长的行为。但是如果我们把焦点放在他的优点上，甚至通过暗示，慢慢培养他的优秀习惯，他就会发光。他自己的光芒会逐渐照亮自己的黑暗。

我们正面的言语，可以修正孩子未来的样子，你可以从一些小事开始，试试看。

第五章

孩子最需要的不是被教育，而是被看见

孩子不需要被"教育"，只需要被"看见"

01

有一年月爸生日，一家人去饭店庆祝，服务员见我们带了生日蛋糕，非常贴心地送了我们一碗长寿面。

月宝问我："为什么过生日要吃长寿面呢？"

我说："因为能健康长寿哇！"

"就是能长生不老吗？"过了半晌，她还惦记着这事。

望着她天真的小眼神，我实在不想告诉她说，这只是一个美好的祝愿，于是我说："对！"

"真能长生不老？"

"嗯。"

一顿饭吃到了最后，长寿面上桌了。很精致的一碗面，里面只有一根长长的面条。月爸看见月宝垂涎欲滴的眼神，就说："来，给你吃吧。"

月宝不客气地端过面条，开始"噼里咔嚓"地拆解起来，她把面条分成好几段，一段给爸爸，一段给我，一段给奶奶。面里的鸡蛋也被她切碎，一勺给爸爸，一勺给我，一勺给奶奶。

奶奶说："你要是不吃，别糟蹋，你看鸡蛋都碎了。"

月宝充耳不闻，继续拆解那棵油菜，一片给爸爸，一片给我，一片给奶奶。因为座位离爷爷有点儿远，一直没分到爷爷，她就站起身来，企图把面放进爷爷的碗里。

奶奶说："这孩子，一会儿汤都洒了，没法吃了！"

"但是爷爷还没长命百岁呢！"月宝小声嘟囔着。

我恍然大悟："你给每个人分一点儿，是想每个人都长命百岁？"

月宝点点头。

"你也太有心了！"我说，然后转头向奶奶解释道，"她把长寿面分给爷爷奶奶，是想让爷爷奶奶都长命百岁呢！"

奶奶这才笑盈盈地说："好宝贝，谢谢你呀！你也快吃吧！"

02

一位心理学老师说过："当你只注意孩子的行为时，你就没有看见孩子；当你关注孩子行为后面的意图时，你就开始看见孩子了。"反思我们平时在生活中，虽然一直陪伴在孩子左右，但是其实大部分时间都没有"看见"孩子。

有一次月宝回家后不写作业，翻出一大堆彩纸开始叠东西，我让她快点儿写作业，她不理我，继续鼓捣手里的彩纸。我压了压心里的火气，去忙别的事，哪想到转了一圈回来，她还在叠纸。我冲到她面前，正准备把她的东西都抢过来，没想到她举起叠好的一颗红心，说："妈妈，送给您！"

我一看，红色的心上还写了几个大字："妈妈我爱您！"

这效果还了得，幸亏我演技高超，瞬间把一张怒气冲冲的长脸换成了笑容可掬的慈母脸，搂过她来亲了又亲。原来，她今天在美术课上学会了叠"心"，回家后就迫不及待地给我叠起来。

我只看见了孩子的行为，却没有看见孩子的意图。再晚三秒钟，我就差点儿让她的一番美意毁于一旦了。

有一种更深层次的"看见"，那就是："当你关心孩子意图背后的需要和感受时，你才能真的看见孩子。"

比如孩子哭。这只是一个行为，但是这个行为背后有多少种需要和感受？简直数不胜数。

我家月宝小的时候看书要一摞一摞地看，因为我一般给她买书都是成套地买。她每次让我给她讲睡前故事，会把所有的书都抱到我面前，挨本让我讲。有时候我觉得反正讲两本她就睡了，就没有阻止她，但是事实证明我太傻太天真，她真的会等到我把所有的故事都讲完才去睡。心情好的时候，我会和她商量，讲几本就乖乖去睡；心情不好的时候，我只能把书一扔——你睡也得睡，不睡也得睡！这时候月宝就会哭。我就奇怪了，她有什么好哭的？我讲着，她听着，我坐着，她躺着，我巴巴地讲了这么多本，嗓子都哑了，我还没哭呢，她哭什么呢？后来才知道，孩子那个时候正处于秩序敏感期，做事情要按部就班，寻求惯常程序，也对事物的完整性有超乎寻常的追求。如果我们非要打乱他的秩序感，会让他产生不安、焦虑的情绪，会给他带来成人无法理解的痛苦。

幸亏我当时没跟月宝发飙，幸亏每次她一哭我都认怂，不然等我有一天明白过来，心里该有多后悔呢？没错，月宝一哭我就认怂，我就是那种"娇惯"孩子的妈妈，我不但会容忍她哭，还会耐心地询问她为什么哭（其实我是好奇）。她哭的理由有很多种：写作业写累了，但又想赶紧写完；看电视想让我陪她一起看，但我又没完没了地做家务；我对她说话太大声；起太早了没睡醒……

有人说，孩子这种"哭"的毛病会越惯越坏，如果纵容，下次孩子就会用"哭"来要挟家长。其实恰恰相反，我现在仔细回忆了一下，也没有找出月宝用"哭"来要挟我的案例，而随着年龄增长，她也很少再哭了。

当孩子的情绪能正常发泄出来，她的感受被"看见"了，她的情绪就会消失，她就能正确客观地看待事物，她就不会愁肠百结，泪水涟涟了。

03

作为公平交换，我和月宝商量好了，如果我下次再大声和她说话，再对她生气，她也可以问我为什么生气。

每到这个时候，我也会非常客观地把我自己情绪的产生缘由告诉她："你起床太磨蹭了，一会儿我们上学要迟到了，我很着急。""你字写得没有以前认真了，我看你现在的字没有以前漂亮，觉得很失望。""妈妈今天有点儿累，你又非让我和你一起做运动，我很想陪你一起，又力不从心，我很难过。"

通过这样的表达，孩子就能明白，我们也会发现，原来我们的暴脾气背后隐匿着这样纯粹美好、充满爱意的初衷，为什么我们会表现得目眦尽裂呢？

孩子的情绪需要表达，家长的情绪也需要表达。一种良性的沟通不仅能让彼此的心靠得更近，加深对彼此的了解，也会让我们积压在心底的情绪得到表达和释放。

当我们把内心的状态表达出来了，会发现自己视角变了，我们不再是一种郁结不发的心态，也不再有挑剔怀疑的目光，我们可以真正地做到内心平和、稳定。这个时候，即使外在的人、事、物没有什么变化，我们却变得可以接纳、可以包容了。

教育是件浩大的工程，如果事事都和孩子纠缠，事事都对孩子进行教育，不仅会把自己累死，孩子还不会买账。

孩子不需要被"教育"，只需要被"看见"。最好的教育就是透过你的心看见孩子的心，借由你的生命看见孩子的生命，当生命与生命相遇了，爱就发生了，爱会开始在心之间自然而然地流动，喜悦而动人。在这样的喜悦中，孩子怎么可能不成长为一个善良、美好的人呢？希望我们对孩子多一些理解，少一些训教，静下心来好好欣赏身边这个年轻美好的生命吧。

如何从根本上杜绝孩子沉迷手机

01

有一年中秋节，全家人一起出去吃饭，饭店爆满，只剩下散座。我们所坐的大厅里，好多都是家宴，每个家庭都是上有老下有小，好不热闹！尤其是我们左边的邻桌，来了四五个孩子，大到十二三岁，小到两三岁，呼啦啦地一会儿跑到这里，一会儿跑到那里，气氛欢乐得很。月宝在旁边看得入了迷，恨不得也加入他们，见他们组团去水产品那里看鱼，便也撺掇着月爸同去。

孩子们一走，大厅里瞬间安静了许多，这时，我才发现另外一桌席间也有一个孩子。那个孩子有七八岁，正捧着手机玩游戏，他周围的大人相谈甚欢，场面一片祥和。只是那孩子，虽然手机屏幕上的画面战火纷飞，那小小的身影却显得极为落寞。过了好一会儿，他妈妈才突然想起他来一般敲了敲他的碗，让他快点儿吃饭，但是他手里忙忙乎乎的根本停不下来。

"一天到晚就知道打游戏，早晚把眼睛打瞎了！"妈妈发狠地说。

众人这才注意到这个孩子的眼睛一直在用力挤动，似乎已疲劳至极，于是纷纷劝说道："小孩子眼睛正在发育，还是不要打游戏为好！""现在好多小学生都戴眼镜了，都是这些电子产品害的！""别说是小学生了，很多幼儿园的孩子视力都出现了问题。"

大家你一言我一语，说得好严重，但是那孩子并没有停下来的意思。妈妈一脸无奈，说孩子早已打游戏成瘾，若是阻止他，分分钟翻脸。很快，话题被岔开了，大家又推杯换盏地聊起别的事情来，而那沉迷于游戏中的孩子安静地坐在一旁，画面毫无违和感。

还有一次，我和先生出去吃饭，邻桌是一对宝妈，各自带了自己的孩子出来聚餐。两个孩子一男一女，看起来年龄相仿，却并不熟稔，加上对面前的烤鱼不感兴趣，渐渐地就都坐不住了，纷纷闹着要回家。两个妈妈正聊到兴头上，哪肯应允，无计可施的她们便一人掏出一只手机给孩子玩。俩孩子得了宝贝，瞬间安静下来。看那两个孩子操作手机的熟练程度，想必也不是第一次玩，也许妈妈们早已习惯了用这种方式排除孩子的叨扰，给自己片刻的悠闲。

大人聊天，孩子玩游戏，这样的场景极为常见，只可惜，游戏这东西，如同赌，一旦让孩子开了头，再想让他们收手便难了。

02

细心观察会发现，叨叨念念不让孩子玩手机的家长和引导孩子玩手机的家长是同一类人群。

为了自己脱身，让孩子"只玩一小会儿"，最后的结果一定演变成孩子嗜游戏成瘾，一发不可收拾。到头来，家长还要骂孩子不听话，自制力差。说到底，这个隐患还不是家长自己埋下的吗？

我有一位邻居，孩子出生时有比较严重的眼疾，所以她非常注重保护孩子的眼睛，不仅让孩子远离一切电子游戏，就连家里的电视都送给了亲戚。她在家里打造了一个巨大的读书角，每天陪女儿认字读故事，使得这孩子从小就酷爱读书，还没到学龄就认识了很多字。她还经常带女儿到公园锻炼身体，一起打球、跑步。这位妈妈对我说，孩子上小学后，也难免接触到手机，也见到其他同学玩游戏，但是她从不好奇，更不迷恋，她知道世界之大，有更多更好玩更有意义的事情等着她。

控制孩子玩手机，不是做不到，关键是，您是否肯花费这个心力，给他更高质量的陪伴，带他见更广阔的世界。

03

手机真的那么好玩吗？未必！

那些沉迷于手机中的孩子，也许只是在排遣无人关注的苦闷，在缓解自己内心巨大的空虚和孤独。小孩子没有玩伴，可以用游戏做些短暂的消遣，但是随着年龄增长，对手机产生依赖的孩子却往往在情感上有重大缺失。

曾经有一个 17 岁的孩子跟我说，即将面临高考的他，毫无征兆地爱上了手游，每天心心念念地打游戏攻关，一刻不停。他知道自己这样很浪费时间，耽误了学习，很可能毁了自己的前途，但手机不知什么时候已经变成了他生命的一部分，让他难以割舍。

在一次潜意识的探索中，我们发现，他渴望的不是手机，而是与父母的交流，他觉得父母虽然给他提供了良好的生活条件、学习条件，但是却始终无法触碰他的内心。他的想法他们不理解，他的焦虑他们看不见，他像一个战士一样武装着自己脆弱的心，在学校里摸爬滚打，却不知道自己终将通往哪里。他将这种愤怒和恐慌投射到游戏里的男主角上，一路厮杀、打怪升级，他终于看到自己越来越强大，他觉得有力量极了。但是，这样能掩盖现实生活中，那个孤单又脆弱，茫然又无助的自己吗？

孩子玩的不是手机，而是寂寞。但凡有父母关注，但凡有同龄人陪伴，但凡发现自己的天赋与爱好，孩子绝不会把大量的时间和精力投入到手机游戏上面。手机不好玩，可是关掉手机，就只剩下寂寞。

想让孩子放下手机，不如我们多陪他们聊聊天，多给他们讲讲故事，多带他们出去走一走，多一些嘘寒问暖，少一些指点苛责。

孩子一眨眼就长大了，此时他蹒跚跟跄地追着我们，也许过不了多久，我们就跟不上他的节奏了。今天你用一只手机打发了他，明天他眼里心里便只有手机，不再有你。

世界那么大，带孩子去看看吧！到时候，那些心里有梦的孩子，怎么可能迷恋那些无聊的电子游戏？

为什么你会变成
孩子生命里"最熟悉的陌生人"

01

和朋友陶子一起去逛街，路过一家琴行时，我叫住她一起进去看了看，里面有琵琶、古筝、吉他等各种各样的乐器。我寻思着，月宝最近不喜欢弹钢琴，要不要给她换一种乐器玩玩。正琢磨着，身后突然传来一阵琵琶的声音，竟然是陶子弹的，虽然不是很娴熟，但一招一式很到位，我惊讶地说："没想到你还会这一手，真是深藏不露哇！"

她说："你不知道吧，我小时候可是学了6年琵琶呢！"

"那后来为什么不学了呢？"

"唉……"她叹了口气，和我说起她学琵琶的经历。

陶子刚上小学时，她的妈妈看其他孩子都在学习一门专长，就带她去少年宫转了转，看看有什么可以培养的方向。走到一间音乐教室的门口，看到老师在教琵琶，妈妈就说："你那么笨，太难的也学不来，不如就学这个吧。"陶子不太明白为什么琵琶在妈妈眼里算是简单的乐器，但是"你那么笨"这四个字她听懂了，而且很多年后这四个字依然如芒在背。

也许是因为刚开始就带着抗拒，陶子学琵琶的劲头不是很足。有时候她弹着琵琶，听隔壁屋子里孩子们热热闹闹地跳《草原英雄小姐妹》，她就在想：为什么我要弹这种枯燥的乐器，跳舞多开心，而且并不难哪，我也学得会。后来她跟妈妈提起，自己不想学琵琶了，要去跳舞，但是妈妈说："钱都交了，你就得给我学下去！"

妈妈对陶子管得很严，虽然她不会弹，但是她会听，一首曲子哪断了，哪慢了，哪错了，她都听得出来，然后就让陶子重来。一个乐段大概要过十几遍。90% 的曲子，陶子都是哭着弹完的。

在妈妈的严格监管和老师的调教下，陶子琵琶弹得越来越好，参加过学校演出，也参加过省市级的比赛，只是她和妈妈，却再难敞开心扉地交谈了。而且每次她拿了奖回来，看到妈妈那骄傲的笑脸，她都觉得恶心。她觉得妈妈的那种满足感，是她拿命换来的！

陶子现在也当了妈妈，对做母亲的心情有了更深的感悟。母亲的那种恨铁不成钢，母亲教育方式的不当，母亲生命里的局限，她都理解了。她想，如果当年不是母亲把她逼得那么紧，她或许会真正地喜欢上琵琶，让这项特长真正地成为自己的爱好，陪伴自己一生。事实上，老师一直很肯定她的聪明和天分，一直希望她在琵琶的演奏上能够达到更高的水平。可惜后来，甚至直到现在，她一见到琵琶，心里就浮现起年少时的那种压抑、愁苦、欲哭无泪，以及对母亲深深的怨恨。

她真的无法再继续了。

02

陶子讲完她的故事，我俩便一路沉默。

我发觉，让陶子最痛恨的并不是学琴这件事，而是母亲对她的态度。陶子在厌烦琵琶，喜欢舞蹈的时候，求助过妈妈，但是妈妈没有给她一个妥善的回应，而是用一句"交过钱了"打发了她，所以就会在孩子心里植入一个潜意识——我必须为妈妈付出的金钱负责。

陶子在练琴的时候是会遇到瓶颈的，在每首曲子的难点面前，妈妈唯一的方式就是逼她反复练习，没有任何的鼓励和精神上的引导；当陶子出现哭闹、抵触这些负面情绪的时候，妈妈也只是选择了无视——她只看重结果，不顾念过程，如此残酷和冷漠。

用老师的话说，陶子在音乐领域是有天分的，加上刻苦练习一定可以达到更高的水平，但是妈妈带她学琴时却埋下一个非常沉重的伏笔：因为你太笨了，我才带你学一种看似简单的乐器，这样的话，你学成了，归功于我的正确选择，学不成，只能说明你更笨了。怎样都不会有好结果。

我把这些分析和陶子说了，陶子居然激动地抱了我一下，她说，"小月，你把这些年憋在我心里的话都说出来了。"然后她又不无感慨地说道："我妈养了我 30 年，还不如认识 3 年的你了解我。"

其实我并非了解陶子这个人，只是我愿意去换位思考，如果做不到换位，其实还可以平心静气地听对方说，可惜很多家长都没有做到这一点。他们总是在孩子说话的时候，盲目制止，宁愿相信一些"过来人"，相信"权威"，甚至相信"路人甲"，也不愿意相信自己的孩子。于是很多家长，慢慢就成了孩子生命里"最熟悉的陌生人"。

03

读者 C 曾经跟我说，以前自己是个安安静静，只知道学习的女生。但上大学后，她性情大变，变得特别热情和开朗，参加了很多社团，还竞选了学生会主席（虽然最后没被选上）；她组织各类活动，和男生女生都打成一片；她被很多人追，也有了心仪的对象。然而有一年过年回家，她发现妈妈居然给她安排了好几场相亲，还去公园的"相亲角"上挂小条。最让人哭笑不得的是，她的条件上写着"性格内向，文静内敛，不善表达"。她发现这么多年了，妈妈竟然一点儿也不了解自己。

也难怪，一直以来，我们与父母之间做不到坦诚，似乎我们每次想和父母袒露一些心声的时候，都会被他们的说教抵挡回来。我们想要的无非是一种情绪上的慰藉，而父母给我们的永远是指导和建议。

我们这一代，能够被父母完全理解和接纳的幸运儿，很少。我小时候，亲眼看见邻家的姐姐因为不接受父母"包办婚姻"，绝食抗议，后来不惜与家庭决裂。我也见到过，班里某个男生，因为考试成绩倒数，被他的爸爸一脚踹到教室的另一头。我听说过，18岁的小读者 M 因为父母一定要她学医，不同意她学动画设计，而在无数个夜晚辗转反侧。就连我，也经常被母亲"责怪"："你踏踏实实地做你的工作，少写一些文章，别让自己那么累！"我的母亲同样不理解我，不理解在我的世界里，做什么样的事情是为了解决温饱，做什么样的事情是出自热爱。

04

我们的父辈生活在知识比较匮乏，物质比较匮乏的时代。他们挨过饿，受过穷，对稳妥的生活有一种骨子里的追求和向往，他们会把这种价值观代入我们的生活，希望我们岁月静好，平平淡淡。

只是他们忘了，孩子是精神独立的，孩子也有自己的价值观，

自己的处世方式，自己的人生课题，自己的追求和梦想。如果我们从来没有深入到孩子心里，与他们肩并肩手牵手地站在一起，那所有的教育都未必有价值，都会变得本末倒置。

那怎样才算是和孩子肩并肩，不对抗呢？其实看我们自己和孩子的状态就可以。孩子越来越有活力，家长越来越平和，这样的势头就是好的；孩子越来越叛逆，家长越来越焦虑，这样的状态就急需改变。

改变的方式就是更多地关注以下几个问题：

1. 孩子是什么样的性格？

2. 孩子有什么样的梦想？

3. 孩子的天分和短板在哪里？

4. 做什么事能让孩子特别兴奋？

5. 孩子最害怕的是什么？

6. 孩子最好的朋友是谁？

7. 孩子学习中的最大障碍是什么？

8. 孩子最希望得到哪方面的帮助？

9. 孩子喜欢用什么方式应对困难和挫折？

10. 孩子最喜欢和最信任的家人是谁？

如果前面九个问题你都搞清楚了，第十个问题，孩子的答案一定是"你"！

希望我们都能成为孩子最信赖、最愿意依靠的家人，而不是由着自己的性子，一厢情愿地逐渐变成他们生命里最熟悉的陌生人。

多少父母的心里，深藏着"后悔"二字

01

有一次我周末出行，在地铁上遇到一对父子。男孩八九岁的样子，身上没背书包，爸爸身边也空无一物。看样子，这孩子不像是去上辅导班，而像是刚刚和爸爸出去玩过，然后又饱餐了一顿。

我猜对了。因为那个男孩问爸爸："爸爸，我们下周还能来这边玩吗？"

"嗯？"

"下周你有时间吗？"

爸爸不说话，他的手指一下一下在手机屏幕上划得很快，像是在看小说。孩子也不说话了，无聊的他没过一会儿就困了，两只眼皮很可爱地打着架，然后脑袋终于一下子敲到爸爸肩上。

"嗯？"爸爸这才发现昏昏欲睡的儿子，用肩拱了拱他，"别睡呀！要睡回家睡去。"

男孩被叫醒了，继续无聊地坐着，但是没过一分钟，他又开始闭上了眼睛，撞倒在爸爸肩上。爸爸再次用肩膀拱了拱他，把孩子晃荡醒了后，接着看手机。就这样，这一路上孩子睡了醒，醒了睡，困到了极点，但老爸始终没让孩子睡实，不过也没放下自己的手机。

看到这一幕，我在想，若干年后，等儿子上了大学，娶了媳妇，只有过年过节才会回来见他一面时，这位爸爸回想起当年地铁上那个想靠在他肩头睡觉的孩子，会不会怀念，会不会后悔呢？

之所以产生这样的想法，是因为前不久我在朋友圈里看到一个朋友晒了张一家三口吃自助餐的照片，并附言："臭小子上大学第一次得了奖学金，说要用人生的第一桶金请我们吃大餐，买衣服。想当初我挣了钱，第一时间是给自己置辆好车，换款手机，从来没有想过给儿子买啥礼物，真是被儿子比下去了！"短短的几句话，表面上看幸福满满，但是仔细体味，又能看出他些许的遗憾。

很多父母都是这样，孩子小的时候，总觉得自己已经为他付出了全部，但是孩子长大后，才发现自己当年对孩子的养育没走心，太草率，对孩子满满的都是亏欠。

02

70多岁的程老太太喜欢在小区里聊天，她跟大家说："幸亏我有一个好女儿，那次我住院20多天，她从上海请了假，在医院陪我，我说请个护工就可以了，但是她坚持要自己来……人老了得承认，有儿女在身边，心里踏实呀！"

程老太说，那次病得挺严重，如果身边没有女儿，自己可能撑不过去。这场大病，让她明白一件事，躺在病榻上的时候，才知道多么需要有亲人陪着说说话，打打气，哪怕她们只是静静地看着你也好。可是孩子小时候，她总是因为工作忙，对孩子疏于陪伴。她念念不忘的一个画面，是孩子三岁时，有一次发高烧，到医院急诊去挂吊瓶，她因为加班，没办法陪孩子，眼看着孩子哭着喊着找妈妈，还是狠心走掉了。多年后回想起来，虽然她当时保住了加班费，却在孩子最需要自己的时候，选择了牺牲孩子的感受，现在一想到孩子当时的眼神，心里就撕裂般的痛。

程老太一遍一遍，祥林嫂一样地描述当时的场景。我知道，她是在通过面对伤痛，来疗愈自己内心的遗憾和悔恨。可是，她回不去了。

为人父母，很多东西其实都是从成年后的孩子身上学来的。孩子比我们想象的更爱我们，他们会在成年后把不曾从我们这里得到，但是渴望从我们这里得到的爱回馈给我们，进而教会我们如何去爱。只是当我们懂得的时候，已经晚了。

03

现在的父母都是在一边犯错，一边觉醒。我总是听到家长说，如果早一点儿看到你的文章就好了。但其实孩子现在还没有很大，一切都还来得及。

父母真正会后悔的时候，不是对孩子最不好的时候，而是孩子长大后，反哺父母的时候，对你掏心掏肺的时候，那时你才会发现，自己曾经爱得那么不够。

　　当有一天孩子非常耐心地教你用智能手机，你会后悔自己曾经因为嫌孩子烦，对孩子大发雷霆；当有一天孩子通宵做攻略，带你出国旅游，你会后悔自己年轻时总是找各种借口，将带孩子出去玩的计划一再延后；当有一天孩子心平气和地坐下来和你沟通，你会后悔当年做任何决定都是亮出老子的威严，不参考孩子的任何意见。

　　养育是一场代代相传的轮回，很多人老了以后，就变成了自己孩子的孩子，那些天使般的孩子总有一天会用实际行动告诉你，什么是爱真正的样子。

　　也有一些孩子会用另一种方式去表达，他复制了失败家长的模式，用类似的方式去回馈父母。当你无法容忍孩子对你大喊大叫，横加指责，才会后悔当初不该对孩子缺乏耐心，武力相加；当你无法容忍孩子不求上进，才会后悔自己年轻时得过且过；当你无法容忍孩子对你太过冷漠，才会后悔自己曾经对他贴心不够，关怀太少。

原来，你最不能接受的孩子的样子，就是你自己曾经的样子。

04

孩子就是一面镜子，他们照出了我们很多的虚伪和不堪，照见了很多我们的蛮横和短板，只可惜，当我们认识到真正的自己的时候，时光已经不再，我们无法把孩子塞回襁褓中，好好地再爱他们一次。

做父母，是一件不该太"随心所欲"的事，不能有情绪了就发火，想偷懒了就得过且过，想管的时候就教育两句，不想管的时候就听之任之……

孩子受过的伤，走错的路，总有一天会成为我们年迈时静静守候的空窗，当我们望向窗外的时候，看到的不只有岁月静好，也许还夹杂着对孩子的愧疚、遗憾、悔恨和抱歉。

孩子在我们身边的岁月真的不长，所以，年轻的父母需要经常跳出自己的时区，去看一看孩子未来的样子，想象一下，当他有一天强大了，懂事了，走过的路比你还多，见的世界比你还大，你是否还有勇气面对他？是否会因自己的疏忽而悔恨不已？

好好珍惜孩子在你身边的日子，不要把"后悔"二字，深深地刻进我们年迈的时光里。

妈妈的保质期有多久

01

我经常可以收到一些妈妈的诉苦留言，说孩子到了青春期，非常叛逆，不听家长的话，不把家长放在眼里，身为家长，不论对孩子来硬的，还是来软的，都无法再改变孩子分毫。的确如此，孩子到了青春期，自我意识开始慢慢形成，妈妈对他们的影响力相对小时候会大幅减少，和食品一样，妈妈也会慢慢失去"价值"，就像食物过了保质期。

曾经有个 14 岁的孩子对我说，他非常厌烦妈妈的唠叨，虽然他知道妈妈说的都是对的，也是为他好，但他就是听不进去，每次听妈妈老生常谈，都有离家出走的冲动。

我想这个孩子说出了大部分同龄人的心声：理解妈妈的苦衷，承认妈妈的用心，但就是无法接受，对那些良言不能下咽，因为那些良言除了让孩子心生烦恼，并无半点功用。这孩子看妈妈的眼光，想必和我看家中过期的食物无异，食之无味，弃之可惜。

我不太喜欢接触一些青春期孩子的妈妈的个案，因为这些妈妈带着满腹无奈找到我的时候，其实都已经错过了教育孩子的最佳时机。

如果妈妈也有保质期的话，我想大概就是 12 年。在这 12 年里，孩子对妈妈有至深的依赖和信任，他将生命交付于妈妈，并将妈妈视为权威一样的存在。在这 12 年里，孩子能够非常敏感地捕捉到妈妈的情绪，再小的孩子也可以从妈妈的言谈举止、气场心境里体会到妈妈的爱恨。

从小被妈妈爱着的孩子，更容易无条件地接纳自己，更容易建立比较完善的人格。于是后面自立成才，便顺理成章。但是从小和妈妈关系寡淡，自己的一些心理诉求不被满足、不被看见的孩子，却容易对妈妈产生一种因爱生恨的距离感。这种距离感一旦形成，很难再随着时间的推移慢慢拉近。

很多妈妈觉得孩子小时候什么都不懂，只知道吃喝拉撒，所以完全可以把孩子交给家里的老人来带。等到孩子上学了，或者到了毕业班冲刺了，才需要父母出马，给孩子陪伴和支持，在他的学业上助上一臂之力。其实，孩子的学业虽然重要，但只是他成长道路上微不足道的一环。而孩子的心性、德行、人品和人格的养成才是孩子人生中重要的一环。

如果妈妈在孩子生命的前 12 年里，把好的习惯、心性、品格这些重要因素根植在孩子心里，那么孩子这棵小树苗，即使未来不参天，至少也是笔直的！但是如果妈妈没有把握住这 12 年，在孩子生命的前期疏于对他的关注和陪伴，等过了"保质期"再来教育孩子，恐怕就难上加难，而且收效甚微了！

02

如果你还处在"保质期"内，请好好把握时机，充分发挥自己的价值和"功用"，做到以下三点：

第一，保持和孩子的亲密关系。

鲜有家长能够随着孩子的成长一直和他们保持亲密关系，能够像孩子小时候一样和他们无话不谈、亲亲抱抱。所有失败的亲子关系都起源于一种感情上的疏离。所以无论如何，要保持和孩子的亲密关系，这样，你对孩子的教育才能让他入耳入心。亲密关系一旦在"保质期"内破裂，后期再想修复，需要付出几十倍的努力。

第二，培养孩子良好的习惯。

用早睡早起来举例子，很多妈妈在孩子很小的时候就让孩子早睡早起，那时候不用太多的说教，孩子的生物钟就会随着妈妈的节奏慢慢建立，等到孩子上幼儿园、上小学，都会顺理成章地早起。但是如果妈妈没有在孩子小时候培养他这个习惯，那么以后的日子会很艰难。孩子睡不够不说，还要每天在妈妈的河东狮吼中痛苦地醒来。早睡早起如此，自己收拾东西如此，独立完成作业也如此，孩子的好习惯一旦养成，会免去家长后续很多麻烦。

第三，帮孩子确立正确的三观。

父母是孩子的第一模仿对象，如果父母有正确的三观，孩子的品性会得到滋养和净化，也会自然而然地成长为一个好人。父母与人为善，孩子便心性纯良；父母积极乐观，孩子便自信阳光；父母奋发向上，孩子也会自律自强。在孩子人生的前 12 年里，父母对他的影响是最大的，如果在孩子青春期出现问题时再来教育、引导、责罚，就为时已晚了。

孩子小时候就这么短暂的几年，请好好珍惜我们的"保质期"，充分发挥妈妈的价值和"功用"。当我们把充足的爱，优良的品性根植进孩子灵魂里以后，我们在未来会拥有一个"好孩子"，一个省心的孩子，很多很多年！

第六章

为人父母最大的成功，就是呵护好孩子的单纯

孩子是世界上最温暖的生物

01

有一个周末，下了几场暴雨。我带着月宝，打着伞，穿着雨鞋去上舞蹈课。我们出来得晚了些，时间有点儿紧，可是月宝还是一副不紧不慢的样子，蹲在地上看蜗牛。她不仅看，还要摸。想到一会儿她又要用脏手去摸嘴巴，揉眼睛，我就迫不及待地去制止她："别摸，太脏了！"

她没理我，小心翼翼地捏着蜗牛走到了旁边的草地里，然后又小心翼翼地放下去，说："蜗牛在路中间太危险了，等一下会被人踩死的。"

我的急迫一下子瘪了。我在冰凉的雨水中看着这个温暖的孩子把蜗牛一只一只地捡到草地里去。我等着她，嘴角不知不觉地上扬——这个孩子果然和我是"同一国"的。

我小时候也做过这样的"傻事"。有一次下大雨，我蹲在自家的院子里，打着一把伞，盯着蚂蚁窝看了许久。我妈问我在干什么，我说我怕蚂蚁窝被浇坏了，它们挖了好长时间，可不能让一场大雨给泡了。

许多年过去了，我们的世界越来越大，大到再也不会去注意一个小小的蚂蚁窝了。但是被我们遗忘在童年里的，恐怕不只有那些天真和童趣，或许还有恻隐与慈悲。

02

我自认为可以帮粉丝答疑解惑，但是月宝的问题，我常常回答不上来。比如有一次，我们去超市买东西，她站在杀鱼的那块案板前，非常小声地问我："鱼疼不疼啊？"

"……疼。"

我不知道该怎样继续下面的话题，是该给她讲弱肉强食这个残酷的自然法则，还是应该借此宣扬素食主义？抑或是像我小时候从一个杀鱼的哥哥那里得到的答案一样，告诉她，鱼是为人类服务的？一个灵性学者曾经说过，所有的动植物都曾发愿要为人类服务。但是为了满足我们的口舌之欲，而让它们付出痛失生命的代价，这借口无论如何也难以自圆其说。明明觉得残忍，又忍不住吃肉；明明觉得心痛，又装作已麻木。原来不知不觉中，我们已经做了很久伪善的大人了。

03

网友雨馨分享过这样一件事：

她三岁的孩子有一次从幼儿园回来，衣服口袋里黏糊糊、湿漉漉的。她刚要发作，不想孩子从口袋里掏出一个丸子，对她说："妈妈，这个很好吃，我给你带回来一个。"

我们这些匆忙急躁又自以为是的大人哪，总是不等孩子把话说完，就打断他们的好意，而知道真相后，既感动，又懊恼！

网友小苏也讲过这样一件感人的故事：

她的老公经常加班，有时候要半夜一两点才回家。有一次，她把儿子哄睡着了，就给老公打电话，打着打着就吵了起来，这么久以来的不满、辛酸一股脑地在那一瞬间爆发了。怒火中的她声音越来越大，一转脸，竟发现孩子穿着小小的内衣裤，怯怯地站到了她面前。

她用尽所有的怒气朝孩子咆哮道："你怎么还不睡觉！"

孩子说："妈妈，我不加班，我会陪着你。"

在我们眼里那个千错万错，顽劣不堪的熊孩子，其实心里都住满了善良和体贴，温暖和爱。原来他们的心都是金子做成的。

那天晚上，她抱过孩子哭了好久，这个绵软脆弱的小人不停地给她擦眼泪，慢慢地，她竟然感觉自己有了无穷的力量。

孩子不是我们的累赘和负担，他们分明是来治愈我们这些千疮百孔的大人的。

04

我的工作很繁忙，但是每天都会抽出很长的时间和孩子在一起。和孩子在一起，是一件挺幸福的事。

他们会去捉蝴蝶，捉到手后又赶紧把它们放了。他们会去逗小狗，爱怜地摸着小狗的头，像是疼惜自己的孩子一样。他们有很单纯的想法，有很善良的初衷，他们总是用一双纯净的眼睛打量着世界，对万事万物都给出纯粹真实的解读。他们有时会计较，但又很快会释然，他们有时会受伤，但又很快会原谅。

孩子是世界上最温暖的生物，没有之一。

还是那个周末，晚上我们下课回来，我送月宝上了楼，又冒着雨去取一个快件。我在快递箱面前点了半天屏幕，机器没有反应，鼠标也坏了。我又掏出手机扫二维码，手机掉在地上，沾满了泥水。雨正好下得急了起来，我又鼓捣了一会儿，无果，湿了半个身子回家，进楼道时，还差点儿滑了一跤。

一进门，我就怒气冲冲地给快递员打电话，质问他为什么家里有人还要放进快递箱里，而且箱子还是坏的！这么大的雨，他自己图了个方便，不是给别人添麻烦吗？

电话那边是一个年轻男子的声音，他有点儿发愁，又有点儿为难，最后他说："这样吧，您等我会儿，我现在去箱子那边取了件，给您送过去。"

"行！你现在送过来吧！"我回答得爽快、解恨极了。

月宝在我眼前画着画，一副专注的样子，看我不说话了，就抬头看了我一眼："这么晚了，快递员叔叔还要送货吗？"

那一瞬间，我忽然想到，那个快递小哥好不容易结束了一天的工作，又要冒着雨出来，像我刚才一样凌乱不堪地站在雨里开箱子，说不定还要报修，在雨里等着维修人员过来。

"算了，"我的语气突然温和下来，对着电话那头说，"明天你再送货时，帮我换个箱子吧。"

"谢谢你呀，姐。"电话那边的声音，也放松下来了。

挂了电话，我神经兮兮地从后面抱了一下月宝。

你总是能在关键时刻提醒着我，让我的戾气尽数散去，让理解、宽容这些温暖的词语，回到我心中，让我重新体味到，原来宽容与理解的背后，才深藏着我们由衷的快乐，才隐藏着世界美好的真相。你总是在提醒着我，摒除世间的浮躁和计较，去做一个仁慈、善良的好人。我以为我历经沧桑，有一大堆的处世哲学要教导你，却没想到，你也常常在教育着我，唤醒着我，让我回到人之初态，回到性本良善的境界。谢谢你，我亲爱的孩子！原来，我要向你学习的东西，也很多很多……

孩子幼稚，是智商和情商的问题吗

01

曾经有个妈妈跟我倾诉，说自己的孩子太幼稚。就拿学校征集"新学期小愿望"来说吧，别的同学都写"我要好好学习，争取考入班里前十名""我要好好表现，希望能当个小组长"这种高大上的愿望。而她的孩子呢？她竟然说自己想当仙女……

偏偏我也是个不上道儿的作者，当即回复她说："当仙女的愿望挺好的呀！我到现在都想当仙女呢。"肤白貌美，超凡脱俗，还有仙气和法力，要什么有什么，指哪打哪，多好！可是这位妈妈跟我说，孩子这么幼稚怕是跟不上学校的节奏，也不讨老师喜欢，怎么办呢？

无独有偶，有一个妈妈提出过同样的问题。她的孩子10岁了，但是据老师反映，孩子相当幼稚。比如老师课讲到一半，他会突然在下面喊老师，问一些稀奇古怪的问题；也不会和同学们相处，有同学抄作业，他立刻告到老师那里去，让大家很讨厌。老师怀疑孩子智商有问题，建议她带孩子去医院做一下检查，她还真的带孩子去做了一下脑电图，测了一下智商，结果智商在正常范围内。

其实不管智商测试的结果是什么，老师怀疑孩子智商有问题，家长因为孩子"幼稚"而带他去看医生，这些举动就已经很可怕了。

02

很多家长把幼稚和低智商、低情商、低能画等号，认为幼稚就是成长的步伐跟不上同龄人的节奏，其实这个观点本身就是错误的。就算孩子成熟得稍微慢一些，也只是孩子成长个体差异的问题，完全上升不到智商高低的层面。还有另一种"幼稚"就是所谓的不成熟、不圆滑，头脑"简单"，这个也上升不到情商高低的层面，它只是孩子的一种特质而已。

"幼稚"这个特质不但不是什么缺陷，还是一种非常珍贵的品质。

幼稚的孩子创造力更强。我有一个朋友的孩子，12 岁的时候还喜欢玩毛绒玩具，她家里有很多很多毛绒玩具，每一个都被取了名字。朋友经常看到女儿抱着毛绒玩具和它们对话，还经常用它们演绎舞台剧。和磨刀霍霍"小升初"的同龄人比起来，这个孩子可以说是相当幼稚了，但是这个孩子在上了高中后却慢慢体现出优势。高中的知识更具有发散性、拓展性，很多小学和初中时成绩不错的"乖"孩子会在高中时成绩一落千丈，其实就是因为他们的创造力和想象力在按部就班的学习过程中没有得到匹配性的增长。而那些没有被限制想象力的孩子到高中时成绩会突飞猛进，就像我这个朋友的孩子，她的作文和绘画没有被刻意培养，但是却慢慢成了她的专长。与此同时，她丰富的想象力也使她有很好的形象思维，可以帮助她建立空间几何模型、重现物理场景，因此理科学起来也很轻松。

每一个孩子天生都有"天马行空"的想象力，只不过很多孩子因为过早接受约定俗成的教育，导致思维固化，没有了创新意识，也没有了想象的能力。而那些做着"幼稚"的游戏，玩着"幼稚"的玩具的孩子，却在长期和自己对话的过程中，拓展了自己想象的空间，提升了自己的创造力。

幼稚的孩子感受力更强。我曾听一位幼儿园老师讲过一个故事。有一年冬天，她带孩子们一起在幼儿园堆了一个雪人，其中一个男孩很淘气，一把把雪人的鼻子打掉了。有个女孩就尖叫起来，说："你不能这样对待它，它会痛的！"

全班同学哈哈大笑："雪人哪会痛呢？你也太傻了！"

老师没有纠正这个女孩的说法，反而很严肃地和小朋友们说："雪人是会痛的，当我们伤害它的时候，它会很难过。"

我当时心里就在默默地为这个老师点赞。谁都知道，这个女孩说的是一句童话，但是这种看似幼稚的说辞里却深藏着一个孩子的感受力、觉知力，一种换位思考和推己及人的能力。万物有灵，当我们把一切物体都看成生命的时候，其实是对宇宙最大的敬畏。孩子所言不但不幼稚，反而饱含着一种智慧和慈悲。

孩子之所以离不开童话，正是因为童话作为一种超现实的文学体裁，可以打破现实的界限，让孩子在虚拟情节的体验中提升自己的感受力，丰富自己的情感。幼稚是一种难得的特质，因为只有"幼稚"才能超现实，才能入戏，而那些"成熟"的孩子往往会因为过于现实，而无法有敏感的体验。

幼稚的孩子心地更纯净。有些孩子因为太过耿直而得罪别人，因为太过单纯而受到伤害，因为不善言辞而不讨人欢喜。但这种吃亏所带来的好处却远远多于过早成熟的孩子。

曾经有一位读者S跟我说，她小的时候是个特别讨人喜欢的孩子。她两岁时就离开了父母，和姑妈一起生活。姑妈先前对她很好，但是自从有了自己的孩子后就开始对她不冷不热。S不但再也得不到大人的关注，而且开始被嫌弃，连吃饭都需要看姑妈的脸色。于是她小小年纪就学会了看风使舵，用各种花言巧语哄姑妈开心。她长大后，工作了，也一直懂得如何在各种关系中周旋，有着不符合她年龄的成熟和老练。但是夜深人静时，她知道，懂得如何讨好别人的她一点儿也不快乐，因为她从来都不知道如何讨好自己，如何爱自己。她说她三岁以后，就没有做过孩子了。为了生存，她过早地学会了圆滑和世故，却也渐渐迷失了自己的单纯。年近 30 岁的时候，她发现自己的内心充满了对整个世界的怨怼、失望和憎恨。她会把早餐里的咖啡洒在出租车上，那一刻，她充满了复仇的快感。

没有做过孩子的人，本身就是残缺的，这比身体上的残疾更可怕。那些单纯的善良，简单的真诚，无畏的冒失，其实是一个人生命之初最宝贵的东西。一个人做孩子的时间越长，这些宝贵的东西扎根生命就越深。越"幼稚"的孩子，生命就越真实，越动人，越贴近自己的灵魂。相反，那些过早成熟的孩子之所以能变得那样老练和世故，其实不过是被迫或在成人的影响下抛弃了这些最原始的、最美的特质，过早地变成了社会人。

03

孩子幼稚不可怕，可怕的是我们不让孩子做孩子。

当我们被现实打磨掉棱角，当我们忘记了做人的初衷，或许孩子还能给我们提个醒，让我们知道什么是内心深处最真切的渴望，什么是发自内心最真实的感动，什么是人类最初的善良。

在时间的面前，大家都是孩子。当我们已经无法体会到一个孩子"幼稚"的行为、"幼稚"的言语所萌生出的快乐，或许我们该停下来，等一等被落下的灵魂。

呵护孩子的单纯，让他像孩子那样成长

01

有天早上，月宝说身体不舒服，把我吓坏了。不过，摸摸额头，不烫；看看嗓子，不红；测测体温，不烧，我暂时放了心。大概过了一个小时，月宝渐渐恢复了生龙活虎的样子，她说："妈妈，我晚上能不上舞蹈课吗？"

我说："不能啊。"

她又说："那我到时候难受怎么办？"

"难受你可以和老师打报告，然后出来找我。"

"那老师不让我出来怎么办？"

"不会的。"

月宝不说话了，憋了半晌，眼圈一红，眼泪就掉下来了。我蹲下来对她说："你如果不想上舞蹈课，可以直接说，不需要找一些身体不舒服之类的理由。那你今天为什么不想上舞蹈课呢？"

有时候小孩子很奇怪，他们明明很弱小，却想在家长面前表现得很强大，他们不愿意在家长面前承认自己有时候会很怂很差劲（他们自己认为的"差劲"）。月宝和我周旋了半天，我才大致了解了她的真实想法：她不敢做前滚翻和倒立。

这时候，月宝的大救星月爸出现了，他一副无所谓的样子对月宝说："不敢做就不做呗，这样吧，咱们在外面等着，等她们做完了这两个动作咱们再进去。"

我有时候觉得自己挺失败的。比如舞蹈课上，我们换好了衣服，却不进教室，巴巴地站在门口的监控室里看人家进行到哪一步了。特别丢人。

月爸和月宝看得津津有味，两个人对着监控里的画面品头论足，相谈甚欢。但我的内心是矛盾的，一个声音在说："反正你也不期望月宝练成什么样，受那个罪干吗？不练就不练吧！"另一个声音在说："哪个孩子练功不疼？哪个孩子练功不怕？别的孩子能坚持，月宝为什么不能坚持？不练基本功事小，养成逃避退缩的心态事大！"

在后面那个声音的推动下，我觉得，身为妈妈，我没有帮孩子克服恐惧心理，把她硬塞进教室，就是我的不作为，就是我的失职。我决定行动起来。不过行动之前，我冷静了一分钟，因为我知道，现在和她讲道理，她肯定听不进去，但是硬把她塞进教室，肯定是一番惊心动魄，说不定还有人围观，拍个照发朋友圈什么的。

就在我冷静的这一分钟里，月宝认真地看着监控，然后突然整理了一下衣服："好了，现在可以进去了。"

我怔在了原地，发生了什么？倒立不是还没做完吗？月宝不是不敢做倒立吗？我带着一连串疑问，跟在她屁股后面，看着她淡定自若地走进了教室。她一进教室，我就火速回到监控室，看她迅速插入队伍中，这时倒立刚好做完了，她便跟着老师做起了压腿、下腰，毫无违和感。

我长叹了一口气，对月爸说："我特别佩服月宝一点，她永远知道自己要什么，不要什么。"如果是我的话，我一定会乖乖地听老师话，老师让练什么就练什么，因为我不知道如果我不练，有朝一日我会错过什么。但是月宝就不会，她喜欢跳舞，但是她也会权衡，如果她觉得一些动作是危险的，是她抗拒的，那么她宁愿放弃领舞的机会，也不会勉强自己去完成。吃东西也是一样，比如吃自助餐，我们基本上每样都会尝一点，即使是自己不太感兴趣的食物，也会粗浅地尝尝，即使不是很饿，也会吃很多，因为觉得要对得起这个价钱。但是月宝就不会，即使是再豪华的盛宴，如果她不想吃，她可能会吃很少，或者对着"满汉全席"，只吃一盘酱油炒饭。

不只是月宝，几乎每个孩子都是这样，他们很清楚自己要什么，要多少。因为他们的想法很单纯，他们不会去考虑这顿饭我花了多少钱，能不能够吃回来，他们也不会考虑我现在这样做，对未来有什么影响，会造成什么后果。他们只尊重自己当下的想法。

02

可能很多人会觉得，孩子的单纯就是一种幼稚的体现，所以需要成人、父母去教会他们成长，教会他们对自己负责，通过做一些干预，促进他们成功。但是，什么叫作成功？

杨澜曾谈起她做过的一段访谈，她的采访对象是诺贝尔物理学奖的华裔获得者崔琦。崔琦出生在农村，12 岁前一直在家乡帮父亲养猪放羊、干农活儿。12 岁时，他的姐姐得到一个机会，推荐他到香港的教会学校去读书。当时父亲觉得家里不能少了他这个男丁，不愿意让他走。但是母亲期望他有更好的发展，就用家里剩下的一点儿粮食做了几个馍，给他装在小包袱里，把他送走了。后来崔琦果然没有辜负母亲的期望，从香港的中学毕业后，赴美深造，获得了芝加哥大学的物理学博士学位，并获得了诺贝尔物理学奖。如果你有兴趣去百度一下崔琦的资料，会发现被赞美的不只有他本人，还有他那高瞻远瞩、胸怀博大的母亲王双贤。你会觉得这样的母亲，这样的儿子，是成功的典范。但是在采访中，崔琦爆出一个不为世人所了解的事实，他走了以后，再也没见过他的父母，没回过他的家乡，因为他的父母在饥荒中被活活饿死了。

崔琦说："其实我宁愿自己是一个不识字的农民。家里有一个儿子毕竟不一样，如果我还留在农村，留在父母身边，也许他们不至于饿死吧。"听到这句话，我无力去评判那些大我小我，理想抱负，我只是深深地理解崔琦心中的那份遗憾。再显赫的地位，再光辉的成就，也无法平复他对父母的那份愧疚和心痛。

我们可以多问一下自己：走到人生的后半程，甚至是人生的终点，我们愿意倾尽所有的财富、所有的荣耀去换取的东西是什么？也许那才是我们真正想要的成功。

03

　　我经常会想，孩子眼里的成功是什么？她和我眼里的成功是不是一样？我对她的期望是不是她的希望？我对她的担心是不是真的值得担心？我给她的和她需要的是不是能完全吻合？如果不能吻合，我是促进了她，还是耽误了她？我是成就了她，还是埋没了她？

　　我在电视上看到过一个选秀节目，其中一个表演者是个 12 岁的小女孩。那个小女孩舞蹈功夫了得，主持人采访她的时候，她说自己七岁就被送到了北京，和一个私人教练学习舞蹈，其间的这五年里，见爸爸妈妈的机会不超过十次。

　　主持人问她："你舞蹈跳得这么好，但是如果让你重新选择的话，你是选择留在父母身边，还是到北京学舞蹈？"刚才还是眉飞色舞的小女孩一下子哽住了，她低下头，沉默了很久。

　　主持人问她："会选择来北京吗？"

　　小女孩摇摇头。

　　"那就是选择留在父母身边？"

　　小女孩没有说话，眼泪"扑拉扑拉"地掉下来……

　　什么是成功呢？在一个 12 岁孩子的眼里，那些金光闪闪的奖杯是不是真的能胜过父母温柔的陪伴，温暖的呵护，胜过一千八百多天和父母的朝夕相处？

　　没错，孩子小的时候，我们逼她下一下腰，找个严厉的老师帮她压一压腿，她就可以亭亭玉立，在舞台上举手投足都美得像仙女。但是如果这种努力违背了孩子最初的意愿，她是否真的能把父母的苦心理解为好心，是否真的能从这种历练里收获到坚韧，把舞蹈当成一种兴趣爱好？还是一旦有一天她有了自主权，有了选择权，就会果断放弃？

　　每次我看到月宝非常决绝地为自己做一些决定的时候，我都很忐忑，也很欣慰。忐忑是因为我怕自己说服不了她，无法让她做到我认可的成功。欣慰的是，我们很多成年人都已经不具备这种清晰了解自己、果断为自己做选择的能力了，而月宝，她还可以。所以我会希望，我能呵护好月宝的这份单纯，让她毫无顾忌地去为自己做选择，大胆地去做自己，没有成人世界的诸多顾忌，没有成人世界纷纷扰扰的杂念，不需要被别人认可，也不需要被别人承认。

　　高晓松说，每个孩子都是带着剧本来到这个世界上的。

　　即使身为孩子的父母，我们也不清楚孩子的剧本是什么，孩子的初心又是什么。我们常说，要不忘初心。但是多少孩子迫于父母的压力，忘了初心，变了初心，成为芸芸众生中成功又平庸的一族。

　　我想，学着放下自己的期待，自己的预判，让孩子勇敢地做自己，痛快地做自己，这或许就是孩子的成功，也是父母的成功！

物质奖励是如何毁掉孩子的

01

我闲来无事在短视频播放平台上，刷到一个小女孩蹦极的视频，10 岁左右的她站在跳台上哭得梨花带雨，说什么也迈不出那一步。

旁边的工作人员打趣道："刚才你妈妈说，你要是跳下去，给你多少钱？"

"两千。"小女孩擦着眼泪说。

这时旁边的妈妈说话了："一万，给你一万好吧？"

小女孩表情猛然变了，她决绝地抹了抹眼泪，突然坚定地一转身，"唰"地跳了下去。

……

我反复把这段视频看了好几遍，尤其是女孩表情变化的一瞬间，从恐惧到决绝，从犹豫到果断，一万元，有这么大的动力吗？

我问月爸，一个 10 岁左右的小女孩，会用一万元去做什么？

他看我一眼，露出"你真是啥也不懂"的神情："你知道月宝最喜欢的娃娃多少钱吗？"

"哪个娃娃？"

"舞蹈房门口的那个。"

哦，我想起来了，月宝有一次下了舞蹈课回来，路过一个芭比娃娃店，橱窗里摆着一个骑白马的公主芭比，就指着那个说："哇！爸爸，我想要这个！"

"她就随口一说，早忘了好吗？"我说。

"但是我没忘啊，你知道多少钱吗？大几千呢！"

我和月爸鲜少在月宝面前谈论金钱，所以对于钱，月宝完全没有概念。她上幼儿园的时候，有一次和小姐妹丫丫一起去超市买东西，丫丫妈妈指着她们拿的娃娃说："太贵了！"

月宝竟然问了一句："什么是贵呀？"

丫丫妈妈背地里对我说："你这样不行啊，你要从小培养孩子的财商，让她对金钱有概念，不然她长大了连财都不会理，你知不知道，有句话叫'你不理财，财也不理你。'"

丫丫妈妈从丫丫三岁起就开始培养丫丫的"财商"了。她鼓励孩子自己穿衣服，穿一次给 1 元钱；教孩子打扫卫生，扫一次地给1 元钱。丫丫上小学后，我有一次带月宝去她家玩，发现她的卧室门口贴了一张计划表：完成作业——1 元钱，小测验考 100 分——10 元钱，考级成功——20 元钱。赚来这些钱，用来做什么呢？除了日常零花，每年过节，孩子要请父母吃饭，表示感恩。乍一看，挺实用，利用金钱的刺激，让孩子养成了很多好习惯，又可以借用消费的机会培养孩子感恩。

初衷是好的，但是结果呢？丫丫妈妈戏言，每次丫丫请他们吃饭，都挑那些便宜的饭店，而他们带丫丫出去吃饭，丫丫则是哪儿贵闹着去哪儿。这是感恩吗？为什么我闻到了机关算尽的味道？

丫丫妈妈还说了，丫丫现在变得特别功利。比如丫丫妈妈有时让她写一些课外的补充练习，丫丫竟然说，你给我加钱我才写；给她报个英语辅导班，她也说，你给我钱我就去。好像所有的事情，都是为了赚钱一样。

我非常同情丫丫妈妈的无奈，可是倒退几年看一看，丫丫这种功利的心态还不是丫丫妈妈自己培养的吗？

02

很多家长都用过这样的方法，当不知道怎样让孩子按自己要求做的时候，就给一些物质刺激：默写全对就给块棒棒糖，考试第一就带出去旅游，做了家务就给零花钱……

在外国，的确有让孩子通过自己劳动来赚取生活费的方式，但是很多家长借鉴过来就变了味道，把孩子很多分内的事变成了有利可图的有偿劳动。这样做，在短期内的确是有效果的，但是从长远角度来讲，弊端更大。

从心理学上说，人的动机分为内在动机和外在动机。内在动机是凭借自己的喜好和追求由内而发的，它能够促进个体产生内驱力。而外在动机是通过外在刺激促使个体去进行某种行为。如果一个人经常被外在动机驱使，他就会成为外界因素的"奴隶"，被外界因素左右和控制。

　　适度的奖励有利于巩固个体的内在动机，但过多的奖励却有可能降低个体对事情本身的兴趣，降低其内在动机。这就是著名的"德西效应"。心理学家德西曾经做过这样一个实验。他找来一些大学生，让他们做一些有趣的智力题。刚开始的第一阶段，所有的参与者答出题目都没有奖励。第二阶段，他把大学生分为两组，实验组的被试者完成一道难题可得到1美元的报酬，而另一组的被试者跟第一阶段相同，没有报酬。第三阶段为自由时间，被试者可以在原地自由活动，也可以继续去解题。结果，实验组被试者虽然在第二阶段十分努力，但是在第三阶段继续解题的人数很少，表明兴趣与努力的程度在减弱；而无奖励组却有更多人，花更多的休息

时间在继续解题，表明兴趣与努力的程度在增强。所以德西得出结论：在某些情况下，人们在外在报酬和内在报酬兼得的时候，不但不会增强工作动机，反而会减低工作动机。

教育孩子也是如此，用物质刺激去促进孩子培养良好习惯，激励孩子学习，虽然可以省时省力，短期见效，但是长此以往，会让孩子违背做一件事的初衷，淡化他们的兴趣，丧失孩子原本该有的主动权。这种奖励一旦停止，孩子马上就会采用要挟的方式表示对抗，这往往会让家长陷入非常尴尬的境地。

03

现在有很多的成人非常拜金，拼死拼活地努力赚钱就是为了让自己背名牌包包，戴奢华饰品……还美其名曰：我这么努力，就是因为想去的地方很远，想要的东西很贵。

其实一个人再怎样努力，也无法满足自己的物欲，因为物欲是会膨胀的，比你进步的速度还快。马云曾说过这样的话：20 年的所有决定，都跟钱无关。我们在思考，投入和技术，是否与价值观和愿景吻合。阿里不愿意做一家只会赚钱但平庸的公司。我们不想变成强大的公司，只希望在百姓心里，我们是一家好公司。强公司是商业能力决定的，好公司是担当、责任和善良。

有朋友很不屑，说马云不可能不在乎钱，他说钱不重要，是因为他太有钱了。我的理解恰恰相反，我相信马云的初衷并不是钱，他一定有自己的梦想和愿景，钱只是随着他的初衷一步步落实后产生的附加价值。

很多人都觉得精神追求太形而上，太不接地气，人们评价一个人，习惯看他外在有多少财富，却不在乎他有多少内在追求。但是事实上，我们都能体会到，一个人再有钱，也买不到内心的平静和快乐。一个人的快乐往往来自对生活的热爱，对梦想的虔诚，以及做事时心无旁骛的纯粹和踏实。只不过很多人随着年龄的增长，随着进入社会，忘却了这种纯粹的快乐，变得急功近利，变得唯利是图。

我不想让孩子变成那样，唯一的方法就是让她"纯粹"的时间更长。当她读书时，我只是和她沉浸在一起读的故事或诗歌里，而不去告诉她这些东西要怎么应用到作文里；她做数学题时，我只和她一起研究那些难题有什么破解方法，就像做游戏一样，而不去告诉她捷径，鼓励她考试得高分；我们只是一起开心地做家务，享受屋子被清扫干净，物品摆放整洁的清爽，而不去研讨这些工作可以赚多少钱。

全心投入，不问回报地去做一件事，是多么珍贵的能力呀！我希望有朝一日月宝步入社会，被很多功利的想法包围时，还能想起她儿时，我们一起单纯做事的快乐、自由，那种当下的精神乐趣。我希望在面对一些不平之事的时候，她能开心地对自己说："无所谓的，我开心就好。"面对一些得不到的诱惑的时候，她能平静地对自己说："没关系的，我已经很富足了。"

我不相信什么财商教育，我只知道当一个人内在富足的时候，修养和价值都会源源不断地显化出来，那么他的外在也绝不会贫穷。

允许孩子玩，比劝孩子奋进更重要

01

有天晚上我带月宝到楼下散步，遇到了邻居妞妞，两个小孩刚开始还有点儿腼腆，一会儿就熟络起来，手牵着手要去公园打滑梯。说了只是打滑梯，结果她们到了公园就跳进了沙坑里，鞋脱了，袜子也不要了，两个人撒了欢儿地在沙子里刨坑搭城堡。妞妞姥姥说，要是孩子妈妈在，说什么也不会让她下去。也是！两个孩子光着脚丫站在沙坑里，把沙子抹得满头满脸，那画面简直令人不忍直视。终于玩累了，两个小家伙又去玩转椅，打滑梯，几番下来，还交了几个新朋友。

公园里有一个很大的转椅，足够十几个小朋友围坐在一起。刚开始转椅上只有几个人，不一会儿笑声和叫声就引来一大堆孩子。转椅上坐满了，就有几个小孩主动下来推着转椅跑，上面的孩子又跺脚又尖叫，兴奋得不得了。过了一会儿，又有几个小孩下来推，原本推转椅的几个小孩爬回转椅上。就这样，十几个孩子轮换着自助疯玩，完全不用大人指挥和协助。

他们快乐的能量感染了我，我站在旁边也情不自禁地笑起来，还拍了视频发到朋友圈。月爸提醒我说："都八点了，再晚回家就不能练琴了呀！"我说，不练就不练吧，多大点儿事，还是玩比较重要。但是月爸的话被另一个妈妈听到了，她把一个孩子从转椅上揪起来，说："都这么晚了，赶紧回家！"

那孩子正玩到兴头上，说什么也不下来，他妈妈说："你这孩子，就知道疯！没看你写作业时这么来劲过！一天到晚不务正业，玩起来没完没了！"一盆冷水彻头彻尾地浇在孩子身上，他悻悻地走下来，一脸不情愿地和妈妈走了。

这一下子，似乎大家都扫了兴，孩子们不再尖叫了，疯跑的速度也慢了，有几个家长纷纷过来拉住自己的孩子，把他们带回家了，最后转椅上只剩下妞妞和月宝。

妞妞姥姥说："走吧妞妞，赶紧回家洗干净，不然你妈看见你这脏兮兮的样子，又得发火！"

那一瞬间，我的心里突然涌起一丝惭愧，看别人的妈妈，三观多正，而我这种全力支持孩子疯玩的妈妈，浑身上下都写满了不靠谱。只是回去的路上我一直在想，如果打断孩子玩耍的兴致，强制他们回去弹琴，写作业，早早上床睡觉，孩子的收获真的就比这些酣畅淋漓的玩耍更多吗？

02

朋友圈里那段转椅上的视频引来无数人点赞，但是不知道如果那转椅上的是自己的孩子，有多少人还能由衷地感到欣慰和快乐。

朋友飒飒曾经跟我说，孩子上了小学以后，她就不敢让孩子出去玩了，从来不信什么课外班的她也开始送孩子学奥数，学英语。她虽然不愿意给孩子太多的压力，但是别的孩子都在学各种技能，一个个才华出众，自己如果放任孩子自由生长，似乎有些不负责任。今年暑假，她本来计划带孩子去旅旅游，但是看到别的孩子都利用暑假参加集训，考级考证，自己也怕孩子落下，于是也让孩子考了个围棋证，还报了几门网络课程，这下心里才踏实了。

很多成年人的安全感建立在社会大环境的标准上，害怕被时代抛弃，害怕被社会落下，害怕孩子跟不上节奏，中产阶级家庭的欲望和恐慌会自然而然地落到孩子身上。

就拿妞妞来说，从我认识妞妞的第一天起就得知妞妞妈妈在考资格证。三年来，每天加班到晚上七点，回到家吃口饭就看书，根本无暇陪伴孩子。妞妞姥姥经常说，羡慕我们夫妻俩常和月宝在一块儿，孩子一眨眼就长大了，再也不需要你抱着陪着哄着了，多考一些证，多赚一些钱，真的就比陪孩子长大更重要吗？

03

不知从什么时候开始，朋友圈开始盛行那种逼孩子成才的文章，凡是劝孩子奋进，支持家长逼孩子学习的文章，都会得到家长的大力转发。

大家都说读书苦，而且奉劝孩子苦读书，理由随手就能捏出七八十条，但是苦读书，就一定是先苦后甜吗？说到这里，先声明一下，我绝非不支持孩子读书，我非常推崇孩子多读书，但是我不支持那个"苦"字。有多少成年人，没遇到爱情，就草草地步入婚姻生活，只为过一种按部就班的人生；有多少成年人，三四十岁了还在考级考证，给自己"包装升级"，只为获得更多的财富；有多少成年人在深夜里迷茫无措，除了刷刷手机，没有其他的快乐。

试问，如果没有了这些外在的东西，你还能不能快乐？

这是一个盲人为盲人修缮的世界。因为自己被恐惧蒙蔽了双眼，看不到物质世界以外的诸多美好，所以不得不设计出很多按部就班的道路，并告诉后人，这是唯一安全的路。但是孩子不会相信。这是孩子与成人之间最大的矛盾。孩子有天然的快乐，与生俱来的富足感，起初，他们所要的东西很少，但是快乐却很庞大。成人则相反，他们收敛了很多物质，内心却难以得到真正的快乐，而且视快乐为堕落。有多少成人可以像孩子一样，几个纸杯就能玩一上午？几个陌生朋友，一会儿就能熟络？即使是在草地上跑上几圈，也能有酣畅淋漓的喜悦和快乐？

我们已经在日渐膨胀的物欲中丢失了自己人性之初的喜悦和幸福感。也许我们童年的放纵曾经不被允许，也许我们年少时的无为曾被鄙夷和唾弃，慢慢地，我们开始克制自己，开始变得功利，我们需要不停地向外索取，以充实自己空空如也的内心。我们深受这种苦难逻辑的迫害，现在又反过来用这种狭隘的价值观来限制孩子。

04

中国家长因为恐惧而变得越来越焦虑了，有人说，恐惧是好事，恐惧让你安全。

你害怕被落下，所以你不会被落下，你害怕平庸，所以你越来越出色。

这不是太可笑了吗？

你没收了一个孩子本能的快乐，在他心里种下焦虑，种下恐惧，告诉他们如果你不像"好孩子"那样活着，你就很危险。

没有比这更危险的事了！恐惧不会使人安全，它只会让人裹足不前，只有爱才可以让人安全。如果你爱自己，你会疼惜自己的身体，不过度地消耗它，也会遵从自己的想法，不人云亦云。那么你就是健康的。如果你爱家人，你会改善自己的行为和语言，尽力去满足家人的需求，同时，你也会从家人那里得到同样的回馈。那么

你的家庭就是稳定的，幸福的。如果你爱这个世界，你会让自己的一言一行里都带着正能量，而不是每天充满自责抱怨，崇尚暴力和冲突，在各种社会事件中激化矛盾。那么我们的世界就会越来越美好。

一个用恐惧喂养大的孩子，怎么可能学会如何去爱呢？一个每天焦虑不堪的家长又怎么能用镇压和强制的方式教会孩子去爱，以保证孩子未来能拥有幸福的人生呢？你怎么可能把自己都没有的东西给孩子？

有一种勇敢叫：孩子，我允许你快乐。

在焦虑重重的社会大背景下，让孩子以自己享受的方式生活，让孩子自由地选择，让孩子自由地发声，让孩子由衷地快乐，的确是一件需要勇气的事。这需要家长本身无惧无畏，内心自由而强大。保证孩子每天有一段自由自在、无拘无束的时光，是比每天打卡练琴、写字更重要的事。因为快乐是受用一生的能量，让它自然地流淌，爱才会永不褪色。未来很远，当下却近在眼前，我们为什么要埋葬现在的美好，去期许一个遥不可及的未来呢？

妞妞姥姥是一位退休老干部，回家的路上，她跟我说："现在的孩子压力太大了，其实没有必要。经历的事情越多越淡然，我现在就发现，谁都可以好好活着，谁都可以活得很好。自在、快乐，比什么都重要。"

希望很多事情，我们不要等到一把年纪了才懂。

第七章

拥有自我，是孩子独立的资本

宁可孩子熊，也不要逼他懂事

01

有一天晚饭后，我带月宝出去散步，她一定要带上自己新买的滑板车，结果一出门碰到了她的朋友小叶子。小叶子比月宝大一点儿，看到月宝的新车马上过来抢，月宝则死死地抓住车把不撒手："这是我的车！"

小叶子抢不下来，有点儿激动："给我玩一会儿！不然，我就不跟你做好朋友了！"小叶子的妈妈走过来对小叶子说："你好好和妹妹说，你就说，能把你的车给我玩一会儿吗？"小叶子照着说了，可月宝显然是不愿意给，毕竟刚推出来，自己还没骑。但是在小叶子和叶子妈的注视下，她好像压力很大，于是看向了我。我不置可否，对她微笑了一下。于是月宝说："等一会儿，我玩完了再给你玩。"

小叶子很不高兴，又是扭身子又是跳脚，叶子妈也很不高兴，脸一沉，拉着小叶子说："走！咱们到那边玩去，不就是辆车吗，回来妈也给你买一辆！"

月宝感觉到气氛不对，仰起头来问我："妈妈，小叶子还会跟我做好朋友吗？"我蹲下来对她说："每个人都有权处理自己的东西，你做得没错，如果小叶子因为这个不和你做好朋友了，也没关系。"

过了一会儿，小叶子又蹦蹦跳跳地来找月宝玩了，这时，月宝已经骑了半天滑板车，就把车让给了小叶子。两个好朋友像什么事情都没发生一样，又开心地玩了起来。但是叶子妈却没有像往常一样和我聊天说笑，她冷着脸，远远地和别人聊微信，故意发语音让我听见："刚才哭了，想骑人家的滑板车，人家不给……真是的！家长不懂事，孩子能懂事吗？"

呵呵。如果为了迎合别人，而压抑自己的内心算作一种懂事的话，我宁愿我的孩子不懂事！

02

月宝喜欢在沙坑里玩，我给她拿了很多挖土工具，她也不用，偏要用手，出汗了，用小泥手擦擦，腿痒痒了，用小泥手挠挠，只要她不揉眼，不扬沙，我是绝对不会管的。

每次她"泥沙俱下"地回到家里，我就直接把她拎进澡盆，我妈便说："你怎么又让她下沙坑，你看人家琪琪，她妈妈从来不让她玩沙子，文文静静漂漂亮亮的，那才是个小姑娘的样子。"

是呀，每次琪琪看到小朋友们玩沙子，都干干净净地坐在旁边，自从她踩了沙子被妈妈打了几巴掌后就再不敢踏入沙坑一步，但是她看着小朋友们那种羡慕的眼神让人很心疼。我宁愿自己辛苦一些，也不想让孩子在应该放肆疯玩的年纪学会谨小慎微。

月宝不是个听话的孩子，大人叫她吃饭，她不听，一定要把手里的拼图先拼完。让她睡觉，她不听，一定要把手里的故事书先讲完。我教育她，只要她觉得没道理就可以反驳我，只要她态度没有顶撞的意思，我完全允许。

家里人说我把孩子宠坏了。那又怎么样？我宁愿她不听话，也不想让她在自我意识还没建立起来的时候先学会了满足外界的期待，服从所谓的权威，放弃自己的主观想法。

小博士

03

我不否认，我像任何一个家长一样，喜欢乖巧懂事的孩子——我说什么她都听，我让她做什么她马上就办，我累了她就能别来烦我，我伤心了她还能反过来照顾我的情绪。多爽！

我身边就有一个这样的例子，她是我的初中同学，12岁的时候，她父母离异了，她跟随妈妈一起生活，每次提起她爸爸，都恨得牙痒痒。爸爸被狐狸精骗走了，妈妈太可怜了，她要变得强大起来，她要照顾妈妈。于是，她非常努力地学习，为的是取得好成绩让妈妈开心；她小小年纪学会了做饭，为的是让妈妈不那么辛苦；妈妈感冒了，她端茶倒水，伺候左右。记得有一次家长会后，她的妈妈和老师提起自己的女儿，声泪俱下，她说，自己虽然没有遇到好男人，却有了一个好女儿。

这个懂事孝顺的女儿，工作后每月的薪水有一万多块，却舍不得给自己买一件好衣服，而是把所有的积蓄都给了妈妈。她非常非常努力地赚钱，就是为了让妈妈过上幸福的生活。但是有一次聚会，她醉了酒，外表乐观阳光的她竟然哭得泣不成声。她说，这么多年了，感觉自己从未真正地活过。

一个孩子，必须在他孩提时代做他该做的事，放肆地疯玩、适当地情绪化、以自我为中心、有自己独立的想法。否则，他无论长到多大，内心都有一个没有被满足的、脆弱的、一直在哭泣的小孩。

04

心理学上，把心理过于"早熟"的孩子称为"成人化的孩子"。"成人化的孩子"大部分都是迫于家庭的压力，或因为一些特殊原因，无法做一个无忧无虑的孩子，而被迫去扮演原本父母应当扮演的角色，是明显的"角色错位"现象。

有研究报告显示，"成人化的孩子"小时候有超于同龄人的懂事，却在成年后有较多的心理问题，人生态度多半消极，患抑郁症的概率很高。

如果一个孩子乖巧听话，却不是天性使然，而是出于以下原因，那么做家长的真没什么值得骄傲的，反而要注意孩子的心理健康问题。

一、父母过于强势。

强势的父母对子女要求都很高，孩子在成长的过程中，只有不停地满足父母的要求，才能获得父母更多的关注和喜爱。为了得到父母更多的称赞，他们愿意为了满足父母的期待，不停地逼自己学习，取得好成绩，成为优秀的孩子。但是一旦他们成年后，需要独立做选择，会因为失去了父母的期盼，而失去动力，他们的人生将陷入巨大的空虚和迷茫。

二、父母经常在孩子面前吵架。

对孩子而言，"家"与其说是一幢房子，不如说是稳定的父母关系。经常在孩子面前吵架，甚至大打出手的父母会让孩子的"家"随时面临坍塌的危险。为了稳固摇摇欲坠的家，孩子会压抑自己的情绪，反过来安抚父母。他们会变得懂事、独立、坚强来讨好父母，以求得安全感。这样的孩子长大后自我价值感非常低，不自信，很难自在地与他人相处。未来处理人际关系、亲密关系时都会面临巨大的挑战。

三、父母经常向孩子"吐苦水"。

这类父母经常在孩子面前倾诉自己的辛苦和不容易，与人发生矛盾时，经常在孩子面前展现自己的伤疤，把成人世界的压力转移到孩子身上。孩子是无条件地爱着父母的，父母快乐他们才能快乐。他们听到这些压力不会只是"随便听听"而已，他们会尽己所能保护父母，迫使自己变得强大，来为父母解决问题。这是最典型的"角色错位"，把父母当孩子来呵护的孩子，内心永远匮乏感极重。这样的孩子长大后也永远在讨好，永远在委曲求全。

如果一个孩子在童年时，过早地隐藏甚至放弃自己的真实想法，那么他长大后怎么可能拥有独立的人格，而成为一个合格的大人呢？

所以，在不触犯道德底线的范围内，我们要保证给孩子最大的空间，给他们最多的尊重，要避免让孩子以牺牲自己的需求为代价，成为"成人化的孩子"。

别妨碍孩子建立"自我同一性"

01

读者舟舟的妈妈跟我说，儿子以前一直很听话，现在却总是质疑和反抗家长的要求，家长越是不让做的事，他越要尝试去做，家长越是反对他接触的朋友，他越当成铁哥们儿。最可怕的是，他现在学会顶嘴了，家长说一句，他能顶三句，加上舟舟爸爸脾气急，父子俩天天针尖对麦芒，家里火药味特别重，战争随时可能爆发。

我特别能理解舟舟妈妈的心情，因为月宝也经常有这样的时候。事情要从一顿丰盛的早餐说起。月宝周末的早餐有粥，有鸡蛋羹，有花卷，有小菜，本来是主次分明，干湿得当，可是她偏不好好吃，把小菜往粥里一倒，把鸡蛋羹戳烂了，往粥里一倒，好好的一碗粥瞬间被搅和得没法看。她把一碗看起来就让人没食欲的东西全都吃完后，才开始对那个花卷下手，一口一口嚼得津津有味。要是问她为什么喜欢这样吃，她的理由可充分了："每个人有每个人的口味。"

她轮滑滑得很不好，据她自己说，每次轮滑课她都滑得很慢，

而其他小朋友都滑得很快。我说："那我帮你练练吧。"她说："不要，我就慢慢滑挺好的，每个小朋友都有自己喜欢的感觉，我就是不想滑那么快，太危险了。"

我真的很喜欢听月宝说话，她的话总是能出乎我的意料，让我看到教育孩子的一些盲区。本来我以为"建立自我同一性"是青少年才开始做的事，没想到，这种心理其实从孩子"低幼时期"就已经开始了。

02

"自我同一性"是美国著名心理学家艾瑞克森提出的，是指个体尝试把自己各方面的素质综合起来，形成一个自己主宰的、协调一致的、异于他人的自我。

建立自我同一性，是孩子进入青少年时期后最重要的任务，他们要有意识地寻找自己的特点，自己的天赋，塑造自己的性格，寻求"我是谁？""我以后要做什么？"这种人生课题的答案。他们会开始质疑权威，反其道而行之，开始尝试去探究各种各样的生活方式，尝试去接触各型各类的人群。用家长和老师的话说，他们进入了叛逆期！每个家长都害怕孩子进入叛逆期，因为他们会突然发现，孩子变得不好控制了。

关于这一点，我认识的一位叔叔给出过这样的建议：当你发现孩子开始进入叛逆期的时候，什么都不用做，只需要守护好家长的权威就是了。怎样维护家长的权威呢？

1. 不停地给孩子洗脑：你小小年纪做事没分寸，必须听家长的，家长都是为你好，家长不会害你，你有什么事一定要对家长说，在家长面前不能有任何隐瞒，任何秘密。

2. 限制孩子的行为：不能过多接触社交网络，不能离开父母的视线。给孩子明确的指示，即你做什么事情我是支持的，你做什么事情是我们全家人都反对的。

3. 必要的惩罚：如果孩子触犯了你的管教，敢提出反对意见，敢和你顶嘴，不一定打，但一定要罚，让孩子害怕你，对家长有所敬畏。

这位叔叔的教育成果不能说效果显著，但至少和预想的一样，把孩子送进了一所职业学校，毕业后被安排进了事业单位，给孩子找了个老公，老老实实本本分分的，后来有了两个孩子，儿女双全，可以说是非常幸福了。只是这个妹妹总是跟我说："月姐姐，我真羡慕你呀！你每天都在做自己喜欢做的事。而我，连自己喜欢做什么都不知道，生活无聊得很。"有时候我会鼓励她参加一些活动，学一点儿东西。她却说："算了吧，我爸不会让我去的。"我就很惊讶，她都已经30多岁了，竟然做一点儿小事都还要参考父母的意见，问问他们是否同意。

这在心理学中其实是一种"同一性早闭"的现象，孩子从小迫于家长和老师的压力，习惯性地去做大人眼中的"好孩子"，做大人希望他们做的事，而过早地关闭了自己生命的无限可能。他们做事只是照搬大人的模式，而没有自己的主见和选择，喜欢盲从，不愿意改变，回避挑战，通过安稳来获得表面上的安全感。

如果您希望自己的孩子以后变成这个样子，其实只需要在他们年少时把自己变得权威专制就可以了。不过您可想好了，孩子一旦出现了"同一性早闭"，以后再开启的可能性都不是很大了。

03

有的家长说，我可不希望孩子变成没有主见的傀儡，我一定支持他建立自我同一性！于是很多家长在孩子进入所谓"叛逆期"时会完全顺从孩子的心意：不想起床？那你爱睡到几点就睡到几点吧。不想读书？那马马虎虎混个毕业证好了。喜欢打游戏？给孩子买个最新款的手机，顺便叮嘱一句"别玩起来没完没了哇！"想出去打工？小孩子能赚钱是好事，你三姨家二表姐正在做微商，不然你和她一块儿干吧！

你给过孩子最大的空间，给过他全盘接纳，但是忽然有一天，你发现孩子开始为非作歹，开始混日子，开始自暴自弃，孩子跑偏了！

他为什么没有成功建立自我同一性呢？因为他看似一直在做自己想做的事，但是从来没有为自我探索而努力，也没有成功地做出自己人生的选择。他们稀里糊涂地度过了青春，到头来，不知道自己是谁，不知道自己想做什么，也不知道自己能做什么。他们看似不可一世，其实内心的自我评价很低，喜欢逃避问题，不敢承担责任，对未来不抱希望，于是就变得比较自私，比较享乐主义。这叫作"同一性弥散"。

大部分的孩子都会走入这两个陷阱，要么"同一性早闭"，要么"同一性弥散"。因为在中国，很多家长要么把孩子往死里管，要么就对孩子不闻不问。能理解孩子，鼓励孩子，包容孩子的家长不多，能够在关键时刻给孩子必要的帮助和引导的父母更不多。

04

我的叛逆期来得比较晚，上高一的时候，开始荒废学业，喜欢看所谓的闲书，开始喜欢和那些半社会性的同学接触，开始不写作业，开始怀疑老师，开始探究考大学以外的一些出路。

高一的一次期中考试，年级 300 多人，我考到 150 多名，那时候每次大考学校都要按排名分考场，我华丽丽地被分到第 6 考场，和平时那些游手好闲的同学坐在一起。他们嘲笑我："你怎么跑到这儿来了？"

当时我觉得有点儿丢人，决定下次好好考，但是长时间的放纵不是一朝一夕就能拼回来的。下一次期末考试，更惨，180 多名。我记得当时的年级组长看了我的成绩单，跟班主任说了一句话，这句话我记忆犹新，他说："没事，下次她就考回来了。"

你可能无法想象，家长和老师的一句鼓励和信任在孩子心里有多大的分量，它比朝夕不停的说教更能带给孩子希望和力量。所以下一次，我终于考回第一考场，不仅要感谢我自己，也要感谢当时的那位年级组长。不是每个人都像我一样幸运，我想，如果他当时骂我、损我、批评我、给我提要求，我一定不会那么快回到自己的位置上。

那次叛逆的时间不长，虽然家长和老师都对我说过一些警戒的话，但是好在，没有人干涉我的任何决定，所以我现在做出的任何判断都是从心而生，并不是迫于别人的压力勉为其难地去做。所以，我才可以一直顺从自己的内心，做出属于自己的最正确的决定。

05

孩子不会无缘无故顶嘴的，除非你正在试图扼杀他的自我探索；孩子也不会无缘无故跑偏的，除非你从来没有给过他适时的引导和恰到好处的放纵。

　　世界上最伟大的教育是自我教育，世界上最有效的说教是自我承诺，世界上最坚定的选择是自己内心的选择。孩子敢于挑战父母的权威，从各种领域中获得自我体验，是非常珍贵的尝试。可惜大家只看到孩子顶撞父母时的"大不敬"，却看不到孩子的主观意识正在萌芽。大家更愿意把孩子的叛逆解读成离经叛道，不服管教，却想不到孩子正在有意识地尝试各种选择。这时候只需要加以适当的引导，就能够让孩子平稳地度过自我探索阶段，对自己做出恰当的评判。

　　当孩子做出了人生中的一些尝试和选择，解决了同一性的危机，形成了稳定的自我意识，他就会开始自我悦纳，自我激励，对学习和生活投入更大的热情。到时候，你想扯他的后腿都扯不了。

明智的父母，都敢让孩子说"不！"

01

我经常被月宝怼得哑口无言。

有一次，她在黑板上画画，突然大叫起来："妈妈快一点儿！"我走出来一看，她正在脱毛衣，袖子缠在胳膊上下不来了。我正准备帮她把袖子拽出来，一扭头，却看到她的马克笔又没盖笔帽。我就过去插马克笔的笔帽，一边叨念着："你这些笔又不盖笔帽，一会儿又都干掉了。"

月宝说："妈妈，我和马克笔谁重要？笔重要是吧？"我这才看到她的头还卡在毛衣里出不来，小脸蛋被勒得都变了形，顿时笑翻了。

还有一次，她让我帮她拿一本书，我说："书就在那里你不会自己拿吗？你没看到我正忙着吗？我工作了一天很累了，你能自己做的事情自己做，不要总是依赖我，你都这么大了，不能自己玩会儿吗……"

她冷着脸看着我："妈妈，你说这么多不累吗？有说这些话的时间，早就把书拿来了。"

我："……"

有段时间我天天和她在家做小实验，那天烧杯找不到了，我就满屋子找，翻了箱子翻柜子，挪了桌子挪沙发，一边翻腾，一边指挥月爸和月宝跟我一起找。只见月宝拿着一个装橡皮泥的小空碗对我说："你就非找那个烧杯吗？用这个不行吗？"

我一看，确……确实也行哈！

我也曾陷入过焦虑，月宝要是照这样下去，还了得？我举一，她反三，我劳苦功高，她不屑一顾，经常质疑我的行为和说辞，自己的理论一套一套的，而且还说得还句句在理。

有个朋友就曾经告诉我说：孩子小的时候，你可得"管"住了，要让她服你、信你，唯你马首是瞻，不能让孩子在你面前说一个"不"字，否则，她越大就越不把你放在眼里，到时候，你就"管不住"她了。

她的孩子彤彤的确挺"服管"，在妈妈面前乖顺得像只小绵羊一样，妈妈说一，她绝不敢说二。有一次她出去办事，把彤彤放到我家几小时，我才发现彤彤根本不是传说中的那种恬静文雅的淑女。她和月宝两个人从地下疯到床上，从书房折腾到厨房，把所有合适的家什都拿出来玩。两个人自己制定游戏规则自己玩，还给我安排任务。我要是不按她们的要求做，她们还要据理力争，说平时我让她们干什么就干什么，现在她们让我干什么我却不干，怎么这么不听话？

我算明白了，原来不是我家月宝一大堆理论，而是我的"纵容"导致了她们敢在我的面前随意表达她们的想法。可我实在没有办法说，因为我是大人，所以你们一定要听我的。这种没道理的话我自己都不太认同呢！

02

大人不敢让孩子随意表达自己想法的真正原因，并非孩子是错的，恰恰相反，而是孩子常常是对的。

有一次，我接月宝下幼儿园回来，正好碰见 28 楼的小姐姐。两个小姐妹很久没见了，一定要在楼下玩一会儿。小姐姐的妈妈很温和地说："你先上楼写作业，写完作业再跟妹妹玩。"小姐姐说："等我写完作业，妹妹早走了，难道人家会一直在楼下等着我吗？"她妈妈没再说什么，于是，两个小孩在楼下玩了好久才上楼。

我觉得，这个小姐姐是个很幸运的孩子，如果她遇到那种特别专制的家长，非让她先上楼写作业不可，还用一堆所谓的"好的学习习惯"来限制她，用"写不完作业就别吃饭"这种不相干的理由来要挟她，她也许表面上能乖乖上楼写作业，但是带着怨气去写，作业质量能保证吗？孩子真的打心眼儿里对家长服气吗？

03

让孩子说"不"，听孩子说"不"，不仅可以让孩子有勇气说话，有时候也能打破大人的固化思维。

有一个当老师的朋友跟我说，她以前特别不喜欢教初中的孩子，觉得他们太吵太烦人。但是现在她格外喜欢初中的小孩，因为自从她开始组织社团活动以后，发现初中的孩子动手能力特别强。想挂旗子找不到木棍，孩子们搓几个纸卷就代替木棍了；布置展板找不到人写美术字，孩子们从网上下载美术字体，再打印出来，剪剪贴贴，三下两下就搞定了……做 PPT，做小视频，从来都不用她操心，交给孩子们，全都分分钟拿下。

孩子的创造力和想象力不知强于成人多少倍，和孩子相处不仅能打破我们的固化思维，还常常能给我们启发。可是为什么这些能力在课堂上都没体现出来，在活动中却一览无遗呢？

她反思后得出一个结论：课堂上老师习惯"直接灌输"现成知识，不允许孩子说"不"，孩子就习惯了被动接受，学习能动性就被扼杀了。

现在很多老师和家长都是这样，我说什么就是什么，你不要和我犟嘴，不要跟我搞什么歪理邪说。结果呢？小时候，家长和老师逼一逼、管一管，孩子成绩非常耀眼。但是一上高中，一上大学，成绩却一落千丈。原因就在于高中更注重培养孩子分析问题、解决问题的能力，这些能力都需要从小开始培养，要有批判性思维的意识，勇于提出问题，敢于有自己的想法，更需要有抽象思维和逻辑思维。但是现在的教育经常是"填鸭式"的，把现成的知识直接给他们，在短时间内让他们学会大量的知识和技能。而他们没有时间进行思考和提问，慢慢地，思维能力就退化了。到那时再引导他们主动思考，就为时已晚了。因为他们已经在长时间的被动学习中适应了怠惰和麻木。

有一种学霸被称为"书呆子"，只会死读书而不会灵活处世，就是因为他们的成绩优异只不过是善于全盘接受既得理论而已，但是对于书本以外的知识，他们就一筹莫展了。

在漫长的学校生涯里，如果我们从来没有给过孩子说"不"的机会，没有给过他们自己决策的机会，也没有培养他们自己独立解决问题的能力，却期待他们一毕业，就能到工作岗位上接手大项目，解决大问题，这根本就是不可能的。

从来没有一个时代，像我们现在这样重视孩子的教育，但是我们更需要知道，什么样的教育是真的为孩子好。是把孩子"压制住"，让他们按照我们规划好的路线去生活好？还是在小时候培养他们各方面的能力，让他们长大以后能独立解决生活中的各种问题好？

相信大部分的家长都选择后者。只不过这需要我们花费更多的包容心、同理心、耐心和信心，允许孩子有自己的思维模式，敢于质疑权威，敢于大声地说"不！"

时间会证明，当你允许孩子质疑你的时候，绝不会丧失掉孩子对你的信任和爱，反而他们会因为被接纳，而给你更多的崇拜和尊重。那才是身为一个家长最想要的、最耀眼的权威吧？

尊重孩子的选择，孩子才会尊重你

01

我曾经收到过一位读者的提问，觉得很有代表性：

"侄女现在读小学六年级了，她星期天在一个地方学习画画，大概已经学了三年。她爸爸把她的画和老师的画发给专家看了，专家说老师的专业水平不能给孩子提高了，所以弟弟想给侄女换一个兴趣班。可是侄女不同意换，为此，孩子和她爸爸已经半个月不说话了。你觉得该换，还是不该换呢？"

这是一类特别典型的问题，父母站在理性的角度觉得孩子"应该"接受更好的教育，以利于她的进步和发展，但是孩子完全出于本心的考虑，她喜欢这样或那样，完全不会去纠结这样做是不是"有用"，是不是"有意义"。那这个时候，我们听谁的？

我们不妨设想一下这两种选择的结局。

一种选择是，孩子不同意换班，家长硬给孩子换，可能从专业角度上，能让孩子有更大的提升，但是孩子的兴趣却会存在一定程度的减损。孩子不同意换班，就意味着，她在乎的不只是单纯的画画，可能还有对老师的喜爱，对同学的留恋，对环境的依赖等等这些附加因素。这些因素的分量在孩子心里不比画画本身轻，甚至可能也是她坚持画画的重要原因。但是家长完全看不到这些附加因素，只是单纯地看重老师的技能，就陷入了一种纯理性的角度。可这种理性真的能换来孩子技能的提升吗？也未必。也许孩子换了新环境，但是她不喜欢，她可能就不愿意再画画了，她没兴趣了！她的技能就会慢慢变得大不如前。

另一种选择，家长遵从了孩子的想法，暂时让她停留在这个环境里，她至少会饶有兴趣地坚持下来，那么即使在一个技能不是特别高的老师的调教下，她也可能会越画越好。尤其是艺术这种东西，就是用来表达内心状态，用来陶冶情操的，它根植于感性，而非理性。你硬要强调她的技能，她的发展，那你培养的可能是技师，它偏离了艺术家最基本的初衷。我们可以看到，很多艺术家无师自通，而且作品非常打动人心，但是很多从小学艺术的孩子最后却"泯然众人矣"，他们真的只是成了一个技师。所以在"学艺术"这个领域里，我个人更看重孩子的"兴趣"和"感觉"。

何况，孩子现在对换老师这个事不仅仅是轻描淡写地反对，而是非常严重地抵抗，为此已经半个月不和爸爸说话，可见她对自己的选择还是非常坚定。如果这个时候硬让她服从，失去的还不仅仅是孩子对画画的兴趣，还有她对父亲的尊重。没有任何一个孩子会尊重不尊重他的人。

02

总听到家长诉苦，说孩子不听话、叛逆，而且和家长没大没小，一点儿也不懂得尊重家长。其实曾几何时，多少个和孩子剑拔弩张的瞬间，家长也没有真正尊重孩子，没有把孩子当人看，在他们眼里，孩子不过是一些有待驯服的小猫小狗。

鲁迅先生说过：（孩子）小时候不把他当人看，长大后他就做不了人。

可能没有家长会承认，自己没有把孩子当人看，大家只是觉得在对孩子进行必要的教育。但是，教育是引导，却不是驯服。

人作为高级动物，高级在哪里？无非就是人类能思考，有思想、有智慧。孩子虽小，却也有自己的思想和智慧，如果家长一味地用自己的想法和观念去束缚孩子，事实上，就是没有把孩子看成可以独立思考，有想法、有智慧的人类。所以当孩子的想法没有被尊重的时候，家长做得再"对"，孩子也不会认为家长是为他好，他也不会真的好。他最多只能是迫于压力而屈从，然后变得更像家长所期望的样子，但未必是他自己理想中的样子。

其实我也遇到过同样的困惑。月宝从四岁开始学钢琴，刚开始完全是基于我给她做的选择。自她学琴以来，我像所有琴童的家长一样，遭遇过孩子不练琴时的崩溃，承受过看着孩子一边流泪一边弹琴的心痛，也看到过孩子在台上光彩照人的表演……从月宝的天分上来讲，她学琴很快，两手配合也没有障碍，表演也不紧张、不怯场，无论怎么看，都是个学琴的苗子。但是她真的不喜欢弹琴。

她不止一次地对我说："妈妈，我以后能不能不再弹琴了？"

出于理性的考虑，每周风雨无阻地去上课，雷打不动地完成作业，付出过那么多汗水和泪水，最重要的是她还弹得不错，从哪个角度讲都不应该放弃，但是在没有作业要完成的情况下，她真的不去碰琴了。偶尔我主动强制她弹一会儿，作为一个对能量非常敏感的人，我能觉察到她的能量和我的能量都非常压抑，非常痛苦。我最终做出的决定是，遵从她的感觉，以后她想弹就弹，不想弹就不弹了。

可能有很多"鸡汤"会说：所有的坚持都是家长在坚持，你逼一逼孩子，她一定会更有前途，她长大了会感谢你。我相信这一点。但是我也相信，孩子的时间和精力是有限的，如果我在这个方向上推挤了她，就会剥夺她在另一个领域里的探索。比如孩子可能天生是个画家，或者生物学家，而如果我用大量的时间让她练琴，导致她没有时间画画或观察小动物的话，对她而言，会弹琴并非成功，反而是遗憾。现在我对月宝的态度就是，可能还会对她有一些引导，比如听到一首好听的歌，我会鼓励她试着用钢琴弹一弹，但她不愿意弹，也不强求。

03

孩子天生就是带着功课来到这个世界的。他们有自己的梦想，自己的追求，他们自身就是一个完美、纯洁的能量体。对于自己想要的东西，孩子会调动自己的力量去争取，但是对于自己不想要的东西，他们也会有本能的逃避和抗拒。

老话常说："人，不能跟命争。"换句话更确切："父母，不能跟孩子的命争。"因为你确实争不过他，搞不好还会把父母恩情赔进去。

我们能为孩子做的最好的事情，就是关怀他的内心，尊重他的想法，顺水推舟，帮他执行自己的人生计划，帮他实现自己的人生梦想。

最后，回到这位读者的问题上，我的答案是：不换。如果您发现有更适合孩子成长进步的课程，或者有更厉害的老师，最多可以在孩子不抗拒的情况下带孩子去试听，看孩子有没有深入学习的意向。但这个大主意，最后还是要让孩子自己来定。

除非你被孩子邀请，否则永远不要去打扰他

01

我在打车的时候，特别害怕遇到爱聊天的司机。我想坐在后排安静一会儿，他们偏偏拉着我聊时事政治；我想专心致志做一点儿自己的事，他们偏要关心我的事业家庭，对我嘘寒问暖。有时候，我会用简单的回应平息他们聊天的热情，但是不到一分钟，他们就会把车载音乐打开，车里充斥着热火朝天的市井歌曲，震得我的心脏扑扑狂跳。

司机毕竟是路人，但是如果遇到一个爱聊天的同事，就更麻烦了。去年我的办公室搬来一个新同事，28 岁上下，刚结婚不久，特别喜欢在办公室里聊八卦新闻。只要有人聊天，她就很开心；只要没人聊天，她就很难受。

有一次，大家都出去办事，屋里只有我们两个人，她说："这屋子里好安静啊！"然后就把手机上的电视剧外放出来了。

"这样多好，不然屋子里太安静了。"她心满意足地说。

我顺势问她："你是不能忍受安静吗？"

她说是呀！只要屋子里鸦雀无声，她就感觉自己心里空空荡荡的。她平时一个人在家时，一定要把电视打开，即使是在厨房做饭，也要听到客厅里有声音，她才踏实。

这样的人，的确不在少数，比如我以前的邻居，他家里的电视机从早上就打开，一直到晚上一家人都睡了才关上。电视开着，家里人也未必去看，就是听它"哇啦哇啦"地讲着话心里才踏实。有时候他到我家来串门，看到我家不开电视，他还觉得奇怪，说："你家怎么这么安静？你们不觉得难受吗？"

安静为什么会让人难受呢？我无法理解。反之，我无法忍受长期生活在一个嘈杂的环境中。我喜欢在夜深人静的时候写文章。无人打扰，心思清净，我才能保持绝对的专注。我曾经试过听着轻音乐写文章，虽然也可以下笔，但只能算是勉强拼凑，绝做不到文思泉涌。

一个人若想在最大的程度上发挥自己的能力，必须做到绝对的专注。以我们目前的定力，相对嘈杂的环境一定会或多或少地对我们造成干扰，所以，如果你不能忍受安静，基本可以确定，你无法做到绝对的专注，并最大限度地开发自己的潜力。

02

现在很多家长反映自己的孩子专注力太差，学什么东西都是浅尝辄止，玩什么东西都是三分钟热度。其实不难理解，因为现如今，孩子能安安静静自己做点儿事的机会太少了！

不信你注意观察一下，这样的画面很常见吧：

孩子在家里无所事事地鼓捣玩具，我们会对他说："你要是没事，就去练练琴吧！""你要是没事，就去看会儿书吧，给你买了那么多书，你怎么不读？"

孩子在地上认认真真地拼拼图，我们会凑到他身边，一边帮他摆弄，一边说："先找角，再找边，然后把这些有明显特征的拼在一起。"

孩子在公园里玩，我们会亦步亦趋地跟在他身后："慢点儿跑，别摔倒！""不要捡那些石头，太脏了！""你去和那些小朋友一起玩吧，自己玩多没意思！"

还有最频繁的妈妈式关心："热不热？""累不累？""渴不渴？""歇会儿吧！""喝点儿水吧！""来来来，吃个水果再玩。""吃饭了，吃饭了，赶紧洗手吃饭，听见没有？"

……

我们不停地介入孩子的世界，以至于无法让他们在一段完整的时间内安安静静地做完他们自己想做的事。

月宝小时候，有一次，我看到她和姥姥一起剥虾。她用小小的手指，一点儿一点儿地把虾皮剥开，用牙签仔细地把虾线挑出来，放在纸巾上。她们俩一老一小，安安静静地坐在桌子前剥了很久，安静得让我不自觉地蹑手蹑脚，从她们身边经过时都不忍心发出一点儿声音。那岁月静好的画面突然让我很感动，不得不承认，我鲜少能给她这么安静的环境，让她如此专注地去做类似剥虾这样的小事。

成人的世界里充满了焦虑，生活节奏也非常快，我们很难容忍孩子慢条斯理地去做一件无关痛痒的小事。在我们眼里，更有价值的事，是孩子又多认了几个字，学会了更复杂的连加连减，或者又成功练会一首曲子……但是在这些我们看来很有成就感的事情里，我却从没见过月宝的眼睛里像她剥完虾后那样，闪过一丝喜悦和满足的光芒。

03

蒙台梭利博士曾经说过："除非你被孩子邀请，否则永远不要去打扰孩子。为孩子打造一个以他们为中心，让他们可以独自'做自己'的'儿童世界'。"这样做，其实就是在保护孩子的专注力——孩子的专注力不是被培养出来的，而是被保护出来的。

无论多么活泼好动的孩子，小时候都是有很强的专注力的，从生理角度来说，主管孩子思考、分析、判断、操作、记忆这五大功能的前额叶从孩子2~3岁左右开始发育。孩子的原始冲动，比如好奇心，会促使他去思考周围的一切，去试探、去触碰、去体验、去研究，然后形成自己的经验和记忆，这整个过程会帮助孩子发展出专注解决问题的能力。但是如果在这一过程中，成人主动过来帮助了孩子，或搅扰了孩子，孩子完整的发展过程就被打断了。慢慢地，他就可能不再愿意尝试自己去完整地做一件事，甚至不太相信自己可以独立地完成一件事。更重要的是，孩子会慢慢失去和自己相处的能力。这就是为什么很多成人无法忍受安静，追根溯源，就是他无法和自己相处，他必须不停地接受外界的刺激，把精力分散出去，才能安心。

如果一个孩子不能安静地进入自己的内心世界，他就不可能了解内在的需求和追求，他又怎么可能安心地做自己，发挥自己最大的潜能呢？他的精力不停地被外界的刺激分散出去，他的能量不停地被外界的声音拨散开来。起初，他是被动的，慢慢地，他就会变成主动地去寻找嘈杂，去填补空虚，去寻求那些表面的、浮躁的快乐。

04

无法安静的大人，会培养出无法安静的孩子。因为孩子从小成长的环境，就鲜少是安静的。所以，与其想方设法提升孩子的专注力，不如先让自己安静下来吧。

现在月宝写作业的时候，我也经常陪伴她，不过不是在旁边指导，而是她写她的，我写我的。我最近在临摹字帖，发现写毛笔字很容易让人屏气凝神，安静下来。但是如果你不能忍受安静，这个过程可能有些艰难。你可以选择读些自己喜欢的书，纯文字的那种，不要读色彩艳丽的时尚杂志，它们依然充满了凌乱的干扰和刺激。也不要玩手机，否则我保证孩子坐不住，要凑过来和你一起看。如果看书也做不到，就去另一个房间安静地做点儿自己的事，但是千万不要开电视，放音乐，对孩子的环境产生干扰。

希望我们都能做到蒙台梭利博士说的那一点：除非你被孩子邀请，否则永远不要去打扰他。

第八章

从容养育，做孩子的守望者

每个孩子都是颜色不一样的烟火

01

月宝有天放学后兴奋地告诉我，她英语口试考得不错，老师给了她一个"优秀"。我听完"挺开心"，给了她一个大大的"么么哒"，其实心里还是有不动声色的失落，因为我知道特别优秀的学生其实是可以免试的。免试的名额不少，大概有 10 个，在班里占比大概四分之一，都是平时上课表现突出，或者作业完成得特别好的。也就是说，月宝今天参加了口试，就已然没有被归于那 10 个人的行列，她的表现充其量也就是中等偏上的。

我了解月宝，她平时在学校不爱张扬，话也很少，从来没有表现欲望，只愿意成为那个坐在旁边鼓掌的孩子。加上我从未让她在外面上过补习班，英语全指望学校的课程和我在家里用三脚猫的功夫教她，不出众也是正常的。所以我当然不会去质问她："喂喂，你怎么没有被免试呀？你还需要努力呀！"现在的她，确实已经做到最好了。

小学的老师特别喜欢表扬人，默写全对的、考试一百的统统往班级群里发。月宝刚上学的时候，我有点儿慌，因为这些名单里，我擦亮眼睛找了好几遍，从来没有找到她。但是现在，老师只要一发名单，我看都不用看，就知道里面有没有她。因为除了偶尔的一些小偏差以外，孩子在你眼皮底下的表现和在学校的表现应该是一样的。我知道她哪个地方薄弱，得不到满分很正常，我也知道她哪个地方通吃，考起试来无障碍。

客观地讲，我家月宝不是天生学霸的那种坯子，所以我会在某种程度上对她放松要求：在她的弱项里，别人当天会的东西，我可以允许她三天学会，别人记得很牢的东西，我也允许她偶尔忘记，再反复拾起。

02

我觉得为人父母最大的误区就是永远拿最高标准要求孩子。

比如我一个同事就经常问我说："我家孩子为什么考试成绩总不好呢？"多好是好呢？她说，她家孩子永远排名在 10~15 名，无论如何也挤不进前班里前十。有个真相不知当不当讲，以她家孩子的资质，考进前十五已经非常不错了。

有人说，不努力一定不会成功，好像说得没错，但是还有一个真相：努力了，也不一定就会成功。关键是，要看你定义的成功是哪个段位的？

举个最简单的例子，是不是我们现在这些成年人只要有勇气辞职下海，只要有毅力刻苦奋进，我们就都能成为马云？站在自己的角度我们可能觉得荒唐，但是面对孩子的时候，我们在心里永远都是把他向最高标杆对齐的。

他考试为什么没考满分？他成绩为什么就进不了前三？人家孩子都三道杠了，他怎么连个小队长都当不上？答案就是：孩子和孩子是不一样的！有的孩子，你就是天天拿刀子逼着他，他也成不了学霸。

很多父母不甘心接受孩子平庸，总觉得下下苦功夫一定能把孩子逼上一个档次。其实，只用财富去衡量一个人是可怕的，只用成绩去衡量一个孩子，也是可怕的。尤其是在孩子低幼阶段，太多的急功近利会把孩子的空间堵死，让他原本拥有的智慧也发挥不出来。

什么是急功近利？永远用最高标准来衡量孩子，就是急功近利。

某某孩子舞蹈都十级了，我们也考一个；某某孩子画画都拿奖了，我们也学一个；某某孩子当上大队长了，我们也争取争取；某某孩子考试又第一了，不然，我们把语数外都补习补习……

固然，有压力才有动力，但是压力太大，超出了孩子所能承受的，家长和孩子都会垮，结果未必能守得云开见月明。

03

为人父母怎样算成功？不是把孩子逼进清华北大，也不是让孩子出人头地，而是在充分了解孩子的基础上，帮助孩子成为最好的自己。

叶圣陶先生曾说："教育是农业，不是工业。"工业品没有生命，合格与否都有统一标准，制造起来也是按部就班。但是农产品却不同。它们是有生命的个体，不同的农产品会有自己独特的生长规律，且在每个阶段都会呈现出不同的特点。正因如此，揠苗助长使不得，填鸭喂养使不得，大水漫灌也使不得。唯有以自由为土壤、以尊重和爱为阳光，才能让每一个生命个体健康生长。

教育亦是如此，只有了解每一个孩子的脾气禀性，遵循孩子内在的成长秩序，才能在潜移默化中润物细无声，让孩子的心灵更丰满、人格更完善、个性更彰显。让他们成为自己，他们才能收获属于他们的成功。

没有什么起跑线，每个孩子都是带着命定的剧本来到世上，他们注定会去往命运的不同方向。我们做家长的，当然需要推波助澜，但更重要的，只是陪伴、守望。

没有完美的父母，也没有完美的孩子

01

有个读者对我说，自己南大硕士毕业，最后却败给了一个孩子。她说，她女儿上小学一年级的时候，有一天突然捧了一张55分的卷子回来，她一看就炸了——你老娘我一辈子没考过不及格，你第一次考试就给我挂科，还是不是亲生的？当天，她给孩子复习了一晚上"数的分解"，第二天复测厉害了，20分！她直接就杀到学校去了，挨个找老师问情况。老师说，这孩子也没什么大问题，就是基础不太好。基础不太好？怎么可能？她女儿两岁开始上早教，三岁开始被塞进各种培训班，速算都学习快一年了，怎么数学能考20分呢？

这个问题我也不知道，因为我没看到卷子，我只看到一个焦躁不安的家长，这位家长字里行间说的全都是孩子不堪入目的分数，却丝毫没提具体考了哪些知识点，孩子哪些题不会做，为什么不会做。这其实不是一个真学霸的本能反应。

02

学霸还分真假吗？

当然，学霸就是学霸，都是考场上永远的分子，可是真学霸和假学霸又有所不同。

真学霸是真的超爱学习，看到卷子就像见到恋人一样，刷题就像数钱一样，他们热爱的只是知识，成绩只是他们的附加值。假学霸却未必爱知识本身，他们只是爱高高在上的感觉，因为成绩好，被人夸奖，被人艳羡，被人看得起。

我高中时的闺密 M 一直觉得自己资质不高，和小自己两岁、天资聪颖的亲妹妹比，总是相形见绌。她高中时学习特别努力，就是为了证明自己比妹妹强，在父母面前博得些存在感。但是她高考没发挥好，从考场出来的时候面如死灰，大家等成绩的那几天，她就像等死。好在皇天不负苦心人，她最后的高考分数压在了重点大学分数线上。有一件事只有我知道，她进大学的第一天，曾跪倒在校园角落里的大榕树下痛哭流涕。

至于吗？真的，就算是考上了北大，你会跪拜在未名湖畔痛哭流涕吗？不会！我只会笑死好吗？可是我很理解我的闺密，她一生都在追求成绩，也就是追求父母的肯定，在她心里，成绩就是尊严，就是面子，就是她的存在感和里程碑。

为什么我要提及这个闺密呢，因为刚才说到的读者朋友和我闺密一样，他们对"成绩"这种表面现象的重视程度远远超过了关注孩子的行为习惯、思维意识这些更深层的东西。

03

有一种优秀不是真的"优秀"，有一种优秀叫作"害怕失败"。因为你害怕失败，所以自然拼命努力，让自己永远活成一个分子，活成一个精英。这有什么不好吗？这简直太好了！正是这种不服输的劲头，让很多人逼自己优秀，从而骄傲地生活。

可惜太优秀也会有弊端，因为你的心里住着一个"不接受失败"的自己。作为一个完美主义者，你不能接受自己不完美，不能接受自己不优秀，那你就没有完完全全地接纳自己。

不接纳会怎样呢？

完美是很美好，可惜那部分不完美的自己没有消失，它会投射到别人身上，所以完美主义者通常喜欢挑剔别人，因为他把自己的不完美投射出去后，看到的都是别人的缺陷。

总会有一个人来承担你身上那部分"不完美"，比如孩子。太追求卓越的家长，有时候会很难接受孩子身上的缺点。他们喜欢把自己的孩子和别人家孩子做比较，稍有逊色就会给孩子念紧箍咒；他们喜欢用自己的标准衡量孩子，稍有不满就朝督暮责，求全责备。

一年级孩子考试不及格可怕吗？可怕。但也没那么可怕。孩子不及格，首先我们要弄清老师考的是什么，孩子是哪个地方的知识点没弄会，然后家长只需要在相关知识点上帮孩子练习一下就好了。但是很多家长会在一些小事上大张旗鼓，说孩子上课不专注啦，学习不努力啦，没有好习惯啦……各种贴标签。有这些说教的时间，还不如帮孩子认几个字，玩一会儿数字游戏，练几道口算呢。

孩子不优秀时，如果你格外紧张，不应该在孩子身上下狠功夫，而是应该检视一下自己是不是完美型父母，是不是把自己不能接受的"不完美"投射到了孩子身上。孩子出现各种各样的问题，犯各种各样的错误太正常不过了，他要是比我们这些大人都尽善尽美了，那就不是孩子了。

烦恼即菩提，犯错即成长，别用自己的完美理论限制了孩子犯错误的机会。失败不是成功之母吗？千万别害怕孩子失败，也别让自己的表现促使孩子害怕失败，否则，他的成功也不能诞生。

别让你的孩子陷入"习得性无助"

01

曾经有个 13 岁的小女孩在后台留言，说她这次期中考试考砸了，现在连死的心都有。事情是这样的：

这女孩本来学习很好，但是因为第一次使用机读答题卡，非常紧张，生怕出错，结果偏偏就出错了，她错把选择题用黑色签字笔涂黑了。老师说，机器读不出来，一分都没有。

我说："我要是你，确实也挺堵心的，明明题目都会做，考了个零分，放谁身上都不爽，但是我觉得这是好事呀！"

她问："为什么呢？"

我说："虽然期中考试挺重要的，但是这只是你未来诸多重大考试里最无所谓的一场。也可以这么说，除了最后的那场高考，之前的所有考试都是'试水'，你可以尽情犯错。诸如考试没看清题目，或者答题格式出错这种技术性错误，更是越早暴露越好。"我还跟她分享了一件我小学时因为看错一道题，损失一个奖杯的故事，我说从那以后，我每次审题都审两三遍，跟强迫症似的。但也是从那以后，我很少因为没审清题而造成损失。

这个女孩没有再回复我。一直到了晚上，她突然又跳出来了，说："月姐姐，听完你的话，我哭了很久。"她说，自从知道答题卡涂错了，她就手脚冰凉，整个人紧张得快瘫痪了。她不知道怎么回去对家长说，放学也不敢回家，就一直在路上溜达，抱着侥幸的心理，给我发了信息，没想到，收到了我的安慰。她更没想到，我竟然会对她说犯错是好事。从小到大，她都特别害怕犯错，因为每次犯错，父母都会非常严厉地斥责她，说她这不好、那不好，因为一点点小事，把她这个人全盘否定。起初，她会非常努力地去达到父母的要求，但是她发现，即使达到父母的期待，也并不能得到鼓励和肯定，他们一定会发现新的问题，指出她新的不足。久而久之，她就活得很惶惑，生怕犯一点儿错。每次犯错，哪怕是卷子上出现一道错题，她最先想到的不是怎么改错，而是怎么向家长解释，掩盖自己的错误。

这位小读者就读于市重点中学，排名在班内前五，在我看来，已经是个挺优秀的学生，但是她自己从没意识到自己优秀，因为她一直生活在父母的挑剔和否定中。

02

美国心理学家塞利格曼曾经提出过一个心理学名词叫"习得性无助"。他曾用狗做过这样一个实验，他把狗关在笼子里，只要蜂音器一响，就给狗施以难受的电击。狗被关在笼子里，躲不开电击，所以只能悲惨地承受着。几次实验后，塞利格曼又按响蜂音器，却不给狗电击，而是直接把笼门打开。没想到狗并没有逃走，不等电击出现，狗就先倒在地开始呻吟、颤抖。本来可以主动地逃避，却绝望地等待痛苦的来临，这就是"习得性无助"。

失败是一个人成长中的必要过程。小孩子从学习走路开始，就会有无数次跌倒。孩子跌倒的时候，一方面有挣扎起来的欲望，另一方面，也有需要家长安抚的愿望。在孩子很小的时候，摔倒了，我们可能还会把他抱起来，帮他把痛处揉一揉，但是他们长大后，我们却很难平静地面对他们的错误。尤其是完美型父母，永远会把目光放在孩子做得不好的地方，希望他们能尽善尽美。初衷是好的，孩子的损失却是惨重的。他们会有习得性无助，因为一犯错，就会被"电击"，以至于害怕犯错。一犯错，还没等到被电击，就开始颤抖抽搐。

有人做过这样一个比喻：武汉的冬天气温在 0℃ 左右，在以往取暖条件不太好的情况下，处处寒冷，而且家里比外面还冷。但是在哈尔滨，虽然气温经常是零下 20℃ 甚至更低，但因为屋子里有暖气，在北方过冬天就变成了一件很舒服的事。

这个原理不难理解，家里有暖气，非常温暖，人们在家里从头到脚积蓄了很多热量，这时候再出门，他是有抵抗寒冷的力量的。但是如果家里比外面还冷，人们就没有地方汲取热量，就变得很脆弱、不耐寒。

父母的怀抱就是孩子的家。这个家不够温暖，孩子就没有太多能量，他们就没有勇气去面对外界的挑战；这个家够温暖，孩子就有机会补充能量，他们才有力量去迎接学习、工作上的诸多挑战。

03

我相信这位小朋友的父母肯定没有想到孩子有这么大的心理压力，因为他们不过是对孩子严格要求而已。但是他们一定料不到，这个优秀的 13 岁女孩，只是因为涂错了答题卡，而不敢回家。

说实话，我们都上过学，谁没看错过题？谁没忘写过作业？谁没上课走过神？这些都是不可饶恕的错误吗？

我们曾经也不是完美的孩子，所以，请不要苛求孩子完美吧。如果我们做父母的，能在孩子童年时尽可能地给予他们支持、信任和肯定，这种信任和肯定会内化成孩子的人格力量，这样，他们才能更好地去应对他们具有挑战性的人生。

教孩子如何生存，不如教孩子如何生活

01

在学校门口经常看到很多家长接孩子。孩子出来后，家长问的第一句话往往是："今天上课听讲了吗？""作业都交了吗？""水喝完了吗？"……

也有的家长一见面就满脸笑容地拉住孩子："今天开不开心？"

"开心！"孩子蹦蹦跳跳地拉着妈妈（爸爸）走远，一边走一边说着今天发生的好玩的事。

我常常被后面那种场景感染，于是每次接了月宝，我也会问她："今天开不开心？有什么好玩的事情？"每天都有好玩的事情！同桌带了支特别神奇的笔；后排同学偷吃口香糖，差点儿咽进肚子里；她和同学一起上台表演，怎样争抢角色；某某同学不听讲，老师差点儿掰断了他的铅笔；还有一次，班主任老师教训一个淘气的男生，因为讲话的时候太生气了，气得眼镜都从鼻梁上掉下来了……

每天一放学，月宝就跟我叨叨这些趣闻，她说："我在学校的时候就想了，这事和妈妈一说，妈妈肯定笑死了。"的确如此。我每天竟对月宝的这些小谈资很期待，与办公室里那些机关算尽的谈话内容不同，小孩子的世界总是充满了欣喜和童趣。

月宝姥姥总是担心她不适应上学的节奏，尤其是度过了漫长的暑假以后，孩子从头到脚是懒的。可是，厌学，在月宝这里是不存在的，上半天课的时候她也要发愁："今天要是也上整天该多好呢！"

比起成绩的好坏，月宝的这种生活态度，是更能让我觉得欣慰的。

02

我时常听到一些家长对孩子说：你要好好学习，不然就上不了大学，就没有出路，就养不活自己……

每次我站在孩子的角度听这些话，就觉得压力重重。

月宝以前的语文老师很喜欢给家长留作业，让家长给孩子默写字词，默写古诗，然后第二天验收了成绩，就会把结果发在家长群里。我感觉压力好大。每次给她默写就很焦躁，害怕她出错，害怕自己丢脸，这种心态是很正常的。而这个老师在给我们开家长会的时候也经常说，某个字要怎么写才能得分，作文要有哪句话才能得分，套路是怎样的……也许家长都很喜欢这种简单直接的"培训会"，但是我觉得很无趣。全班都写上那句话，全班都得同样的分，不过尔尔。

后来月宝换了一个语文老师，虽然也让家长帮着默写，但是没有那么死板的考核和验收了。最重要的是，月宝变化特别大。她每天都在家里声情并茂地大声朗读课文，还讲课一般地强调某句话要用什么感情，哪些词语要加重音才会出来怎样怎样的效果……

我很开心，绝不是因为自己的担子轻了，而是我发现这个老师能感染到孩子，她能带动孩子去模仿，去思考和感受一篇文章的魅力和含义。

这才是读书的价值。读书不该是死抠那几个分数，而是真正能让孩子体悟到知识的乐趣。教育不该只是教会孩子生存，它更应该教会孩子生活。

很多孩子被读书的压力逼得跳楼了，因为他们没有学会生活，当然，他们也没有如家长期望的那样，学会生存。甚至因为有学习的压力在，他们都不想生存了。他连眼下的日子都过不下去了，我们和他谈大学、谈未来、谈生存，还有意义吗？

家长们都非常奇怪，孩子学走路，担心他磕了碰了；孩子上幼儿园，担心他不会和小朋友相处，怕他被欺负；孩子上学了，担心他成绩不好，考不了好学校；孩子毕业了，又担心他找不到工作；孩子谈恋爱，则担心他遇人不淑。

我们生下一个孩子，却总是担心他无法生存，那我们生孩子的意义在哪里？就是为了给自己平添一份担心吗？

03

高能量的人总是生活在平静和喜乐中，低能量的人却总是生活在恐惧里。

和不同的人交谈时，我们可以明显地感受到一个人的生命状态。有的人总是高高兴兴的，和他聊天你觉得很轻松；有的人却总是怨声载道，这也不顺心，那也不顺意，说着说着，连我们自己也被影响了，感到世事艰难。若这个人是我们的同事，我们和他少说两句就好了，若这个人是我们的家长，完蛋了！那真是逃也逃不了，天天都要被迫浸泡在负能量里。

能量这东西看不见、摸不着，但是低能量的家长有一个明显的特征，那就是他们总是给孩子植入恐惧：

"你要多吃点儿青菜，不然就会生病了，生病就得看医生，就得打针，你怕不怕？"

"你这么怂怎么行，到学校里要挨欺负哇，本来个子就长得矮，高个子男生一把就把你拍晕了！"

"你要听老师的话，不然老师就不喜欢你了！"

"你要和同学好好相处，不然你就被孤立了！"

……

我曾经接过一个个案，是个大学四年级的学生，心理压力特别大，有厌世情绪。记忆回溯中，他说初中一个政治老师对他影响特别大，那个老师给他们讲过很多真实经历，他当时的感受就是：世界原来这么险恶，人心原来那么复杂，人要生存下去好困难哪！加上这孩子的父母也比较悲观，整个家庭的气氛总是暮气沉沉的，所以这个孩子从小就觉得生存压力特别大，也没有什么生活的激情。听他声音好像还很年轻，但是他面相却十分苍老，果然带着整个家庭的暮气。

周围环境的能量对孩子的影响是很大的，如果家长总是在担心生存问题，孩子的"生存"多半会成问题。而那些懂得生活的家长，带出来的孩子给人的感觉就完全不一样。

我认识一个弹古琴的姐姐，就住在我家楼上。有时候我接月宝放学回来，会在小区里看到她带着刚放学的孩子在小区里溜达。孩子有时候上蹿下跳，有时候蹲在地上看蚂蚁，一点儿也没有高年级孩子特有的压力感。这个姐姐平时不仅喜欢抚琴，还自学中医，她对我说，中医讲究"开阖"，开就是要让内热外散，阖就是要让阳气内敛。开阖适度，才能让虚实寒热达到平衡，从而扶正祛邪。从能量角度说，社会能量就是"开"，融入社会可以让人动起来，但是只开不阖，能量就会过度消耗，人也容易烦躁、疲惫。如果要"阖"就必须接触自然能量，让自己静下来。所以，她放学接了孩子后通常要穿过公园，走一走林间小路，或者带孩子在小区里花草树木多的地方玩一会儿。每逢假期，她还会带孩子到山里去住几天。

在她脸上，我从来未见到过带孩子的焦虑和劳苦，反而总有一种清雅和淡然。孩子呢，也是面容清秀，两眼炯炯有神。

我也问过她，有没有教过孩子古琴。她说，孩子不喜欢古琴，只喜欢小提琴。她给孩子请了一个老师，但是她对老师说："您可以慢一点儿教孩子，用多少课时学会一首曲子都没关系，按照孩子的节奏来。我们不要求考级，只希望不破坏他学习小提琴的兴趣。"

我竟然有热泪盈眶的感动。孩子的命运果然是不一样的。有的遇到急功近利的家长，就身不由己活成了一台考试机器；有的却遇到清新脱俗的家长，于是从小就很自然地长出了天生的灵力和锐气。

04

所有的孩子都能生存，这话可能不可信，尤其是在目前这样一个竞争激烈的社会环境里。但是生存是为了生活，如果感受不到生活的乐趣，感受不到生活的意义，那么生存，肯定早晚会失去意义。

想要教会孩子如何生活，家长自己首先要学会如何生活。大部分的现代人，每天在冥思苦想着如何去生存，如何生存得更好，但是很多人都很久没有好好生活了。

什么能让你安静？什么能让你快乐？什么能带给你安全感？什么又能带给你幸福感？答案真的只是钱吗？

最近我发现一个方法，可以让自己进入"阖"的状态，就是晚上早一点儿关手机。孩子睡了，家务都忙完了，早一点儿关手机，屏蔽掉那些乱七八糟的信息，让自己提前进入安静的状态，然后在这种"安静"中睡去，第二天，你会感觉神清气爽。

我现在白天在写文章、看书的时候，也会把手机静音。除了我家人的信息，其他的信息我一概不看。这样做，哪怕一两个小时，感觉也是不一样的。

以前手机永远在响，思路永远处在随时被打断的状态里，整个人都踏实不下来，能量一直在耗散。于是我们很容易就生出这样的念头：哇！活着真累！但是安静时就不同，我可以用一大段时间做想做的事，能量是内敛的，即使我写再多文章，敲再多的字也不会累，写完了反而感觉很充实，能量满满的。

希望你能找到这样的感觉。

我们自己成为高能量的父母，学会了如何去生活，才可能去引领孩子，让他去热爱生命，热爱生活。当他热爱生命热爱生活的时候，自然就向善要好了，还需要我们耳提面命吗？肯定不必了。

最美的养育，是静待花开

01

有一次，快期末考试了，家长会上，老师给大家做了考前动员，还下发了一些考试资料。老师发资料的时候，我身边几个家长在议论最近小测验的成绩。

有一个家长非常着急，说孩子最近考试都是七十多分，昨天看到孩子写作业还是漫不经心，一气之下把他的作业本撕了。另一个家长深有同感，说孩子每天写作业都是边玩边写，一块橡皮就能玩半小时，昨天气得她把橡皮给掰了。那块橡皮还是朋友从国外带回来的，十几元一块呢！

坐在我身边的家长说："咱们以前上小学时成绩都是九十多分、一百分，哪有七八十分的，上次小测验他带回一张四十分的卷子，当时我就火了！拿过卷子一看，人家让区分声母韵母，他把所有的声母韵母抄了一遍，这孩子考试怎么不懂得看题呢？"

听他们说完话，我莫名有些欣慰，刚才还藏着掖着的八十分的卷子，此刻也敢放了出来，原来，不止我一位家长在考前焦虑呀……

作为身经百战的考生甲乙丙丁，我们这些妈妈也都是过来人，考试，很简单哪，尤其是老师给了提纲以后，简直已经把期末卷子呈现出来了。自从老师放了考试提纲，我就给月宝打印了考试资料，还出了套模拟题，我简直太专业了！然而当我把这么精致的复习资料放到月宝面前时，月宝是这么对我说的："老师根本就没留这个作业，我才不写呢。"于是人家把正经作业装进书包里就开始画画了。做完作业，自己娱乐一下，然后就洗澡睡觉。小家伙把自己的生活安排得挺好，反倒是我这个老母亲坐在书桌前干瞪眼——白瞎了我一套模拟卷子，显得特别多此一举。

可是孩子，咱不是奔着满分去的吗？我这期待过分吗？

那天晚上，在我的威逼利诱下，月宝终于还是把模拟卷子写完了，但是她的画没画成，悻悻地睡了。她是睡着了，但我的气还没

消。不得不承认，在辅导孩子作业的时候，你在这边苦口婆心，她在那边无动于衷，说心里不起火，绝对是假的！

那天晚上特别静，我在书桌前静坐消气，忽然隔壁的女人尖叫起来："我再数五下：5、4、3、2、1！"

"哇！"孩子哭了……

不用说，又是一场学童和学童妈妈的较量。而当时，已经快12点了。

我不禁动了恻隐之心，想想孩子也挺辛苦的。早上六点多就从热乎乎的被窝里爬起来去上学，直愣愣地在学校里坐一天，连活动课都很少，好不容易把作业写完了，回家家长还给上家庭套餐，孩子小小的童年已经被成年人的焦虑淹没了。

02

那天家长会，老师把班里的情况说完后，还给家长们讲了如何辅导孩子功课。她说，现在很多家长在陪孩子写作业的时候特别着急，是因为大家容易植入自己的经验，站在自己的角度去看卷子上的问题。我们一个成年人，看小学一年级的问题，当然觉得再简单不过，所以看到孩子不会做，就觉得很急，觉得孩子不用心，不认真，甚至觉得孩子傻，孩子笨！但是我们的孩子，他只是个孩子呀！

老师的话让我幡然醒悟，我忽然意识到孩子在写作业时遇到的种种困难和障碍，只是因为他年纪太小，涉世不深。

他没有见过稻田，他不知道"禾苗"的意义。他不知道"船长"，他不了解"水手"的意义。他不知道雨衣的"衣"为什么不能写成"一"。他不能一下子说出排在第 15 位的孩子前面会有 14 个同学，他需要一个一个地去数。他数不清搭在一起的方块到底有几个，因为他没有透视的概念。他不知道一盘饺子吃掉 6 个还剩 9 个，原来有几个——他连什么是"原来"都不明白！他没有经历过考试，他不知道什么叫按照要求答卷子。他没有经历过竞争，他不知道分数有什么意义……

我们的孩子，他只是个不谙世事的孩子！

有段时间办公室里在疯传一个小视频，把大家都笑死了。视频里的孩子把"跌跌撞撞"读成了"铁铁撞撞"，把哈密瓜拼成了"哈利噶"，把瀑布读成了"破布"，把"There is a monster"（那儿有一个怪物）翻译成了"这是我妈妈"，甚至有孩子把鼻子的图片认成了骨头。

大人听起来啼笑皆非，但是孩子却是认认真真地在读。原来他们的认知能力就是如此，他们还只是孩子！

那天家长会结束前，老师还给我们读了一首诗，来自马迪·金的《如果您能记住》，我很想分享给大家：

如果您能记住

如果您能记住
您走一步，我要走三步才能赶上

如果您能理解

我观察世界的眼睛比您的眼睛矮三英尺

如果您在我乐意的时候让我自己试试

而不是把我推到前面或挡在后面

如果您能满怀爱心地感受我的人生

不剥夺我自己的需要

那么我将长大、学习和改变

如果您能记住

我需要时间获得您已有的生活经验

如果您能理解

我只讲述那些相对我的成熟程度来说有意义的事情

如果您能在我可以时，让我独自迈出一步

而不是把我猛推出去或拉回来

如果您能用您的希望感受我的生活

而不破坏我对现实的感觉

那么我将长大、学习和改变

如果您能记住

我像您一样，失败后再试需要勇气

如果您能理解，我必须自己弄清我是谁

如果您在我想要时让我自己寻找自己的路

而不是为我选择您认为我该走的路

如果您用您的爱感受我的人生

而不破坏我自由呼吸的空间

那么我将长大，学习和改变

03

我很庆幸月宝能遇到这样的老师。

每一位优秀的教育工作者都是那种"手拿戒尺，眼中有光"的天使，他们能理解孩子、接纳孩子，也懂得不给家长压力，帮助家长和孩子一起进步。其实作为家长，我们要学习的东西，一点儿也不比孩子少。当然，如果你遇到一位老师，喜欢"告状"，喜欢"比较"，喜欢给家长施压，也请你不要乱了阵脚。请你记得，我们的孩子只是一个孩子，他并不会因为家长过分焦虑而一夜长大。

希望我们都能懂得，犯错是孩子的自由，也是他们的权利。缓慢是他们的节奏，也是他们成长的步伐。我们能给予他们的，只有成全和帮助。所谓成全就是给孩子犯错的机会，所谓帮助，就是在他们需要的时候伸一伸手，不需要的时候，陪伴观望。

最美的养育，其实不过就是静待花开。相信我们的孩子终将绽放。